郑永年 王达 著

"前海模式"

改革、开放、创新 | 与中国式现代化

中国社会科学出版社

图书在版编目（CIP）数据

"前海模式"：改革、开放、创新与中国式现代化 /
郑永年，王达著 . -- 北京：中国社会科学出版社，
2024. 12（2025. 5 重印）. -- ISBN 978-7-5227-4165-9

Ⅰ. D61

中国国家版本馆 CIP 数据核字第 20246PR435 号

出 版 人	赵剑英	
责任编辑	周　佳	
责任校对	朱妍洁	
责任印制	李寡寡	

出　　版	中国社会科学出版社	
社　　址	北京鼓楼西大街甲 158 号	
邮　　编	100720	
网　　址	http：//www.csspw.cn	
发 行 部	010 – 84083685	
门 市 部	010 – 84029450	
经　　销	新华书店及其他书店	

印刷装订	北京君升印刷有限公司
版　　次	2024 年 12 月第 1 版
印　　次	2025 年 5 月第 3 次印刷

开　　本	880×1230　1/32
印　　张	8.75
字　　数	205 千字
定　　价	98.00 元

凡购买中国社会科学出版社图书，如有质量问题请与本社营销中心联系调换
电话：010 – 84083683

序

　　2022年10月，中国共产党第二十次全国代表大会提出了中国式现代化的宏伟目标，为下一阶段国家的改革开放指明了方向。2024年7月，党的二十届三中全会审议通过的《中共中央关于进一步全面深化改革、推进中国式现代化的决定》则进一步明晰了实现中国式现代化的"方法论"和"路线图"。前海深港现代服务业合作区作为新时代国家级重大战略平台，如何依托香港、服务内地、面向世界，为中国式现代化贡献力量，是一个重大而现实的课题。其一，如何理解中国式现代化与前海改革开放的关系，需要在宏观愿景和微观实践这二者之间建立起逻辑关系，需要有理论上和思想上的突破；其二，前海深港现代服务业合作区成立十余年来，在众多领域进行了卓有成效的改革，如何讲好"前海故事"，需要深入解读和反复提炼。面面俱到和有所遗漏都是不合适的，"流水账"式地展示改革"成绩单"或者抽象地讲述改革理念和创新的价值，也是缺乏新意的。我们查阅了大量文件资料，进行了走访调研和实地考察。在此过程中，这项研究的框架体系逐渐明朗，研究逻辑也日渐清晰。我把自己近年来对中国发展的一些理论思考，以及对粤港澳大湾区改革创新的近距离观察，融入了这项研究中。

中国的改革开放已经走过了四十余年的历程，取得的成就无疑是举世瞩目的。改革和开放是推动中国发展的重要动力，这已成为"常识"。邓小平在改革开放之初，最先解决的就是思想认识问题，即解放思想，回归实事求是，用"贫穷不是社会主义"这种易于理解的"大白话"迅速凝聚了改革的共识——就是要解放和发展生产力。也就是说，能够解除束缚生产力发展阻碍的变化才叫改革。随着改革开放进入新时代，中国发展面临的国际环境复杂多变，新的问题不断涌现，社会各界对于什么样的改革才能实现经济可持续发展的观点也日益多元化。党的二十大提出要通过高质量发展实现中国式现代化。2023 年 9 月，习近平总书记提出发展"新质生产力"，党的二十届三中全会提出"健全因地制宜发展新质生产力体制机制"，为理解什么是高质量发展指明了方向。2023 年和 2024 年，广东省都召开了高质量发展大会，要求广东省做全国高质量发展的表率。什么是高质量发展？如何实现高质量发展？中央擘画了宏伟蓝图，如何在地方经济社会发展上落地，这些基本问题需要深入思考和探索。对新质生产力的研究和对前海改革开放的研究是高度相关的，我们必须说清楚——作为改革开放的最前沿，作为"特区中的特区"，前海的改革如何体现了高质量发展以及中国式现代化的逻辑？

我对这一问题的理解是，前海是中国式现代化的一个最有代表性、最具典型意义的鲜活案例。"前海模式"是高质量发展的"新三大法宝"——改革、开放、创新的生动实践。"新三大法宝"是我对中国下一阶段如何实现高质量发展这一问题给出的政策建议，并在多个场合进行过阐述。大体而言，在传统意义上，投资（主要是固定资产投资）、出口和消费是拉动中国经济增长的"三驾马车"。在中国经济总量快速增长的过程中，这"三驾马车"较好地完成了历史任务，但面临新形势、新问题。中国要实现高质量发展，即中国经济从总量扩张进入质量提升这一阶段后，我们需要寻求更为根本的内生增长的动力机制。从中国自身的历史经验和国际经验来看，中国需要依靠"改革、开放、创新"这"新三大法宝"，构建起支撑高质量发展的三大系统或者新"三驾马车"——人才与科教系统、开放的企业系统以及开放的金融系统。这三大系统的构建至关重要，因为这是中国能否跨越"中等技术陷阱"，进而实现中国式现代化的关键。"中等技术陷阱"是我提出的一个概念，简单地说，一个经济体从低水平发展到中等收入水平，可以借助从发达经济体扩散而来的技术实现，但很难通过单纯的技术扩散来实现从中等收入到发达经济体的跨越。也就是说，一个经济体如果不具备从0到1的原创性技术创新能力，是无法实现可持续的经济增长的。从供应链、产业链以及价值链等维度看，中国目前的技术大体上正处于中等技术水平。走出"中等技术陷阱"和实现高质量发展是一枚硬币的两面，是实现中国式现代化的必由之路。我们认为，只有以"新三大法宝"构建起三大系统，才能够实现这一目标。这就是我们理解"前海模式"的逻辑，即前海的实践都是改革、开放、创新的生动演绎；"前海模式"是用"新三大法宝"创造中国经济发展新模式的探索。

如果说"新三大法宝"是我们理解"前海模式"的理论框架，那么我们研究的主要结论或者说政策建议是什么呢？那就是前海应当联手香港，助力粤港澳大湾区成为中国版的"地域嵌入型世界级经济平台"，进而成为引领国家高质量发展的强大动力源。这也是我提出的一个概念，所谓"地域嵌入型世界级经济平台"，就是通过营造区域经济、知识和规则一体化的市场化、法治化、国际化环境，对世界资本、技术、人才等生产要素形成吸引力和向心力，创造虹吸效应，推动区域优势产业完全嵌入全球生产链，从而保持技术持续升级，实现产业链、价值链逐级攀升，形成引领示范的世界级经济平台。从西方发达国家的实践来看，具有数个大规模"地域嵌入型世界级经济平台"的经济发展空间格局，是发达国家保持其经济先进性和竞争力的关键。如美国的旧金山湾区、纽约湾区和波士顿湾区，日本的东京湾区等，这些平台通过创造和提供一系列条件，每年都吸引着世界上最优质的资本、顶尖的技术、高端的人才为其所用。前海的开放，其目标应当是推动粤港澳大湾区形成具有自身特质、体现中国新质生产力水平的强大产业链，在全球范围内吸引优质生产要素汇聚于此。为此，我们也对全球主要的"地域嵌入型世界级经济平台"进行了比较，并提出了前海下一阶段改革、开放和创新的战略方向。

为了更好地呈现我们的研究成果，我借鉴国际通用的政策研究逻辑，提出了"理念—政策—效果—比较—展望"这一研究和叙事思路，分别对应五个章节。具体来看，我们首先对"前海模式"的源起进行了梳理，并在这一章确立了项目研究的框架，尤其是提出了解读前海的三个基本问题：为什么是前海？前海是什么？以及前海有何启示？旨在开宗明义，点明本研究的目标与意义。在此基础上，我们对前海改革的政策体系进行了全面的梳理，从"三位一体"的政策架构，到法定机构管理体制机制的演变，再到现代服务业发展、法律事务开放以及城市开发建设等，对各级政府和管理部门出台的关于前海改革的政策，做了一个比较全面的归纳和梳理，为研究前海改革的效果做了铺垫。

此后便是客观地呈现前海改革所取得的成绩以及"前海模式"的意义与价值。这部分是本研究的主体，也是着墨最多之处。我们主要从制度创新驱动发展、中央与地方联动、现代服务业新体系建设、深化深港合作以及前海新城建设等方面出发，力求展现前海十余年来改革、开放与创新的全景。

为了更好地突出"前海模式"的特色，我们还进行了内外两个维度的比较研究：对内，对前海、横琴以及南沙这三大粤港澳大湾区合作发展平台进行对比；对外，将前海与纽约、旧金山以及东京湾区等主要的世界级经济平台的核心发展区域进行比较，以更加全面地展示前海的开发建设成效和今后的发展空间。

最后，我们阐述了前海未来发展的定位及思路，并将视角聚焦在中国式现代化，对中国式现代化的意义及内外部风险与挑战展开了分析，并就如何用好"新三大法宝"推进中国式现代化进行了思考。

如何理解"前海模式"是一个开放性的问题。前海的改革和发展任重道远，中国式现代化的伟大征程也处于"现在进行时"，我们对"前海模式"及其与中国式现代化关系的理解，也是阶段性的。希望能够有更多的人关注前海的改革，关注粤港澳大湾区的发展，从中汲取有益的经验与启示。写好中国高质量发展这篇锦绣文章，由"前海模式"破题，以中国式现代化的全面实现为点睛之笔。我们期待那一天早点到来。

是为序。

郑永年

目　录
CONTENTS

第一章
理念："前海模式"的背景与内涵

第二章

政策："前海模式"的框架与支柱

第三章

效果："前海模式"的成绩与启示

4

第四章

比较："前海模式"的内外对比

第五章

展望：中国式现代化与"前海模式"的未来

1

第一章

理念："前海模式"的
背景与内涵

　　"前海模式"形成于中国式现代化的伟大历史进程之中，其内涵是丰富的，兼有具象化和普适性的特征。只有从中国式现代化的高度理解"前海模式"，才能够讲好"前海故事"，提炼出其对全国其他地区实现高质量发展的借鉴意义。本章旨在梳理改革开放以来中国经济发展经历的几个主要阶段，分析中国式现代化的三个维度，进而提出高质量发展的"新三大法宝"——改革、开放、创新。在此基础上，我们对"前海模式"进行了界定，即全面贯彻落实"一国两制"方针，发挥香港现代服务业产业优势和内地广阔的市场优势，以改革、开放、创新为工具的深港协同协调的高质量发展模式。"前海模式"是中国式现代化最有代表性、最具典型意义的鲜活案例之一。本章将从"为什么是前海""前海是什么"以及"前海有何启示"这三个基本问题出发，对"前海模式"的内涵进行探讨与解读，并从顶层设计的维度对前海的发展历程作一个概览。

◇ 第一节　改革开放以来中国发展经历的四个阶段

20 世纪 70 年代末，中国开启了改革开放这一伟大的历史进程，中国经济进入了快速发展的轨道。因此，改革开放往往被视为中国经济走出"文化大革命"的泥淖，掀开新篇章的序幕。可以将中国改革开放以来的发展历程大体上划分为四个阶段：一是 1978—2000 年，这一阶段中国在经济领域进行大刀阔斧的改革，致力于打造开放型经济体；二是 2001—2011 年，这个阶段中国发展的关键词之一是"入世"，在成为世界贸易组织（WTO）成员方后，中国经济在这十年间飞速发展，一跃成为全球第二大经济体；三是 2012—2017 年，中国进入了"改革开放再出发"的新阶段，中国经济发展进入"新常态"；四是 2018 年以来，中国发展面临的国际环境发生巨大变化，世界百年未有之大变局加速演进，局部冲突和动荡频发，全球性问题加剧，来自外部的打压遏制不断升级，中国进入战略机遇和风险挑战并存、不确定和难预料因素增多的时期。

一　回归"以经济建设为中心"

在第二次世界大战结束后的历史发展进程中，20 世纪 70 年代是一个风云际会的特殊时期。在这个宏大的背景下，中国改革开放的大幕徐徐拉开，中国由此成为影响国际格局演变的关键因素。20 世纪 70 年代初，国际资本流动的规模不断扩大，跨国公司迅速崛起，经济全球化的力量日益壮大。布雷顿森林体系作为事实上的金汇兑本位制走到了尽头，美元摆脱了黄金的束缚，获得了"嚣张的特权"，国际货币体系也进入了事实上的"美元本位制"时代。与此同时，以美国为首的西方发达国家却深陷经济"滞涨"的泥潭，传统的凯恩斯主义对此束手无策，这为20世纪80年代新自由主义经济思潮的崛起并最终获得主导地位埋下伏笔。国际地缘政治方面，"冷战"的格局发生了变化，苏联转守为攻，美国在内部经济困境和来自苏联的外部压力下，客观上需要重塑盟友体系，寻求一揽子的政治与经济解决方案。从中国的内部环境来看，在经历了"文化大革命"十年特殊时期后，中国的计划经济体制陷入了困境。邓小平作为党的第二代中央领导集体的核心，在反思"文化大革命"教训的同时也敏锐地捕捉到了国际环境发生的变化。中国重返世界经济体系，从而进入一个新发展阶段的内外条件趋于成熟。

正是在这样的背景下，中国在1978年启动了改革开放。尽管改革和开放这两个词常被放在一起使用，共同被视为推动中国经济重回轨道的关键，但改革和开放这两个彼此高度相关的政策工具，在特定的历史阶段所发挥的作用并不完全相同。大体而言，在1978—2000年这一时期，改革是中国发展的主旋律。这一时期中国的改革主要体现在以下两个方面。

一是确立新理念。"以阶级斗争为纲"的主导思想显然无法适应经济全球化背景下解放和发展生产力的需要，中国要解决的首要问题是确立"以经济建设为中心"的发展理念。新理念的树立不是一蹴而就的，其中经历了以"真理标准大讨论"为代表的思想激辩和转型。在这一过程中，克服重重困难的关键在于形成改革的共识。这一点在今天看来，仍然具有十分重大的意义。中国为什么需要改革？邓小平对这一问题给出了深刻又形象的回答，因为"贫穷不是社会主义"，"不管黑猫、白猫，只要抓住老鼠就是好猫"。在实事求是的信条下，中国社会破除了"姓资还是姓社"的争论，深圳蛇口树立起"时间就是金钱、效率就是生命"的标语牌，全面凝聚了改革的共识，那就是破除束缚发展生产力的枷锁，以改革实现发展。从改革农村土地制度开始，到建立现代二级银行体制，再到推行"分税制"改革和大力发展商品经济，建设社会主义市场经济体制的改革目标逐渐明晰。

二是确立新模式。尽管实现经济发展的目标得以明确，但以何种手段推动中国经济的快速发展至关重要。也就是说，中国亟须确立符合自身国情的增长方式。中华人民共和国成立以来，建立在苏联经验基础上的通过发展重工业带动投资、推动经济增长的模式已经难以为继。中国将目光投向了亚洲"四小龙"——与中国有着相同文化背景和相似发展基础的国家和地区，在"强政府"模式下实施出口导向型经济发展战略，实现了赶超式发展。出口导向型增长模式是中国可以借鉴的重要国际经验。为此，中国通过设立经济特区、加大招商引资力度、鼓励多种所有制经济发展等众多改革举措，大力发展外向型经济。中国的经济改革举措与 20 世纪 90 年代风行全球的"华盛顿共识"不谋而合,顺应了经济全球化的大趋势。然而,非世界贸易组织成员方的身份,成为中国产品进入世界市场的阻碍。为了打通这"最后一公里",中国政府作出了不懈努力,与美国等主要发达国家进行了漫长的、艰苦的但富有成效的谈判。中国的经济改革也终于迎来了前所未有的高光时刻。

二 确立外向型经济发展模式

2001 年是全球经济发展进程中一个值得铭记的年份。在这一年,全球第一人口大国的中国加入了世界贸易组织,世界市场的规模得以扩大,中国经济也进入了高速增长阶段;与此同时,"9·11"事件发生后,美国期待中国在全球事务中发挥更大作用;而美国高科技股票泡沫的破灭,促使美国开启了长达数年的宽松货币政策,超低的利率和泛滥的美元流动性推动了次级抵押贷款及其金融衍生品的快速发展,这成为 2007 年美国次贷危机和 2008 年国际金融危机的重要诱因。

观察 2001—2010 年中国的年均增长率,并将其与 20 世纪 90 年代中国的经济增长情况进行对比就不难发现,2001 年是中国经济发展的一个"分水岭"。加入世界贸易组织后,中国能够以更加便捷的方式进入广阔的世界市场,外向型增长方式与中国的劳动力优势、资源优势和市场规模优势相得益彰,推动中国经济进入了高增长时代。可以说,在这一时期,开放成为推动中国发展的主要动力。开放带来的发展红利是显而易见的——2010 年,中国经济总量超过日本,中国仅用了十年的时间便从全球第六大经济体一跃成为仅次于美国的全球第二大经济体。虽然中国也经历了 2008 年国际金融危机的考验，但高速增长的势头并未受到影响。

但是，这一时期中国经济在高速发展的同时，也逐渐暴露出以下几个问题。

一是中国经济总量的增长与产业结构升级的步调并不一致，这成为制约中国长期发展的隐患。一般来说，量的增长往往会带来质的提升，但这需要技术创新的催化与产业国际转移的辅助。从发达国家的经济发展历程来看，经济发展与产业结构的升级往往是相生相伴的。尤其是一个国家如果想实现长期的可持续发展，由科技创新驱动的产业结构升级几乎是必经之路。在这一过程中，农业部门的产值占国民经济份额的比重会下降，工业部门产值的占比将经历先提升后下降的过程，而最终在国民经济总量中占比最高的部门将是服务业（第三产业）。

与此同时，与这一过程相伴的往往是一国科创产业的蓬勃发展以及传统产业的跨区域或跨国转移。中国 2001 年加入世界贸易组织之后，尽管对外开放程度提高带来了显著的溢出效应，并带动了产业结构的升级和区域经济的发展，但中国经济的"质"和"量"的提升并不协调，经济总量扩张的速度明显高于科技创新能力提升和产业结构升级的速度。

二是开放带来的红利主要体现在贸易领域，投资和金融仍是中国的薄弱环节。以加入世界贸易组织为契机全面加快对外开放，是中国这一时期实现高增长的不二法门。但我们也能够清楚地看到，中国贸易部门的对外开放程度最高，投资次之，金融部门的开放则相对保守。其中缘由也不难理解，对于国际投资而言，中国各级政府部门对招商引资有着很高的热情，然而中国企业投资"走出去"则面临诸多困难，尤其是资金实力雄厚的国有企业，在国外普遍面临所有制歧视和较为严苛的国家安全审查。这也是中欧、中美双边投资协定迟迟难以取得实质性进展的主要原因之一。至于金融部门，1997年东亚金融危机的爆发，对中国金融系统的震撼和影响是巨大的。发展中国家的金融安全网在国际游资面前暴露出的脆弱性，是中国金融部门在金融开放这一问题上持审慎态度的重要原因。

三是中国经济增长对外部需求的依赖度过高，消费和自主创新等内部驱动力偏弱，其中蕴含的风险不容忽视。这一时期中国的高增长是建立在中国深度融入国际市场和国际大循环基础上的，这使得中国经济对外部需求形成了比较高的依赖。对外贸易依存度，即进出口总额占经济总量的比重，是衡量一国经济对外部市场依赖程度的重要指标。加入世界贸易组织以后，中国对外贸易依存度逐年提高。为了给外贸创造良好的发展环境，中国不得不实行事实上的钉住美元的固定汇率制度，因此中国货币发行中的外汇占款比重也持续走高。2008年国际金融危机爆发前，世界经济处于所谓的"大缓和"（Great Moderation）时代，宽松的美元流动性和发达国家相对强劲的增长，创造了相对庞大的需求市场，这刚好契合了中国实施的外向型增长战略。但2008年国际金融危机之后，美国等主要发达国家的经济增长放缓，其需求变化对中国的外向型发展战略构成了冲击。中国亟须通过构建以消费和科技创新为内生动力的新增长模式，以实现长期的可持续发展。

三 "新常态"下的调整与转型

为了更好地调整经济结构，推进发展现代服务业，中央谋划在深圳建设深港现代服务业合作区，国务院于 2010 年 8 月批复了《前海深港现代服务业合作区总体发展规划》，重点发展金融、科技信息、专业服务业等现代服务业，打造全球重要服务贸易基地。2012 年 12 月，习近平总书记在党的十八大后离京考察的第一站就来到前海，提出"改革开放再出发"的号召。2014 年 5 月，习近平总书记在考察河南时首次提出经济发展"新常态"这一表述，指出"中国发展仍处于重要战略机遇期，我们要增强信心，从当前中国经济发展的阶段性特征出发，适应新常态，保持战略上的平常心态。"[1]2014 年 11 月，习近平主席在亚太经合组织工商领导人峰会开幕式上发表了题为《谋求持久发展 共筑亚太梦想》的主旨演讲并指出，中国经济呈现出的"新常态"有以下三个主要特点：一是速度，即中国经济从高速增长转为中高速增长；二是结构，即中国的经济结构不断优化升级；三是动力，即中国经济从要素驱动、投资驱动转向创新驱动。

---

[1] 国家行政学院经济学教研部编著：《中国经济新常态》，人民出版社 2014 年版。

在作出中国经济进入"新常态"这一总体论断的基础上，中央又对"新常态"下的中国经济进行了进一步的阐述，即中国经济的"三期"叠加特征。一是增长速度换挡期，是由经济发展的客观规律所决定的；二是结构调整阵痛期，是加快经济发展方式转变的主动选择；三是前期刺激政策消化期，是化解多年来积累的深层次矛盾的必经阶段。2015 年 7 月，中共中央政治局召开分析经济形势的会议认为，中国经济正处于"三期叠加"的特定阶段，经济发展步入新常态。既要保持战略定力，持之以恒推动经济结构战略性调整；又要树立危机应对和风险管控意识，及时发现和果断处理可能发生的各类矛盾和风险。必须坚持用发展的办法解决前进中的问题，真正把功夫下在巩固基础、增强底气上，把发展实体经济和培育有核心竞争力的优秀企业作为制定和实施经济政策的出发点。必须加快转型研究，精准分析和深入判断经济发展趋向、基本特征和各方面影响，提高政策质量和可操作性，扎扎实实把事情办好。为了适应"新常态"下的经济结构调整和增长方式转型，中国主要采取了以下两个方面的举措。

一是推动供给侧结构性改革。2015 年，中共中央提出了深化供给侧结构性改革的思路。从国际环境来看，全球低增长困境的症结在于结构性改革迟缓。2008 年国际金融危机爆发以后，全球经济复苏迟缓，市场需求持续低迷，主要经济体全要素生产率增速放缓。单一的需求刺激并没有取得预期效果，中长期结构性问题并没有得到根本解决，增强经济增长动力还需要推进结构性改革。此外，国际分工格局重构对中国的结构性改革提出紧迫要求。过去一个时期，欧美国家是主要的产成品消费市场，东亚国家是主要的生产基地，中东、拉美、非洲等地区是主要的能源原材料输出地。这种"大三角"分工格局悄然发生变化。欧美国家信贷消费模式难以持续，转向推进再工业化战略；能源原材料生产国迫于新能源技术快速发展的压力，着力延伸产业链，提高产品附加值；人力资源丰富的国家凭借劳动力低成本优势，抢占劳动密集型产业的国际市场。随着中国要素成本逐步提高，传统的比较优势逐步减弱，而新的竞争优势尚未形成，面临"前有围堵、后有追兵"的双重挤压态势。这就要求中国从供给侧发力，加快产业结构转型升级，培育建立在新比较优势基础上的竞争优势。供给侧结构性改革的内涵也在不断拓展，从"三去一降一补"到"破、立、降"以及"巩固、增强、提升、畅通"八字方针，再到"提升供给体系适配性"，越来越着眼于通过供给质量提升，更好地满足和创造需求。

二是提出"一带一路"倡议。如果说，推动供给侧结构性改革是从国内层面应对"新常态"下中国经济的结构性转型；那么在国际层面，"一带一路"倡议的提出则是主动开拓国际发展空间、应对全球经济挑战的重要举措。2013年9月和10月，习近平主席分别提出建设"丝绸之路经济带"和"21世纪海上丝绸之路"的合作倡议。该倡议旨在借用古代丝绸之路的历史符号，高举和平发展旗帜，积极发展与共建"一带一路"国家的经济合作伙伴关系，共同打造政治互信、经济融合、文化包容的利益共同体、命运共同体和责任共同体。"一带一路"倡议的提出,对于世界和中国而言,都具有极为重大的意义和价值。从全球治理层面来看,2008 年国际金融危机爆发以来,全球治理赤字问题日益严峻,美国主导的全球治理架构和制度安排,缺乏对广大发展中国家经济发展、融资等诉求的回应。而中国提出的"一带一路"倡议,为改善全球治理赤字提供了一个新机制。从"一带一路"倡议的核心特征——"政策沟通、道路联通、贸易畅通、货币流通、民心相通"来看,旨在通过在广大发展中国家之间建立"硬连接"和"软连接"的方式,推动全球包容性可持续发展。尤其是其中包含的基础设施建设和融资方案,可谓急发展中国家之所急。从中国自身的发展来看,"新常态"下中国传统意义上主要依靠发达国家的投资和外需驱动经济增长的方式难以为继,需要与资源丰富、增长潜力巨大的广大发展中国家建立"连接",从而为自身的改革和外向型经济发展模式的转型腾挪出更大的空间。

四 国际环境的巨变及其新挑战

2018 年以来,中国发展的外部环境发生了巨大变化,中国的外向型经济增长方式面临较为严峻的挑战。世界百年未有之大变局加速演进,新一轮科技革命和产业变革深入发展,国际力量对比深刻调整,中国发展面临新的战略机遇。同时,新冠疫情影响深远,逆全球化思潮抬头,单边主义、保护主义盛行,世界经济复苏乏力,局部冲突和动荡频发,全球性问题加剧,世界进入新的动荡变革期。中国改革发展稳定面临不少深层次矛盾，躲不开、绕不过，来自外部的打压遏制随时可能升级。中国的发展进入战略机遇和风险挑战并存、不确定难预料因素增多的时期。大体上可以从以下三个方面对中国面临的"新挑战"作一个概览。

一是中美关系的变化。自中美建交以来，美国基本上奉行接触与遏制并行的对华战略，尤其是"冷战"结束以来，美国始终采取以接触为主、遏制为辅的对华战略，旨在将中国纳入美国主导的全球经济体系，改变中国的政治体制，塑造中国的发展路径，将中国转变为奉行西式民主的国家，将中国塑造成国际体系的利益攸关方。在此背景下，中国实现了自身经济的迅速发展，中美两国经济之间的相互依赖格局也得以形成并日益深化，成为稳定中美关系的压舱石。但随着中国经济体量的持续快速增长，中国的经济规模趋近美国，尤其是中国自主科技创新能力不断提升，在尖端技术和前沿性、战略性产业领域开始形成独特的竞争优势，美国逐渐将中国视为竞争对手和安全威胁，其对华战略在特朗普政府时期发生逆转。在美国的对华认知中，中美两国的经济关系由"互利共赢"转变为"全面竞争"。

基于对中国"角色认知"的转变，美国政府将其对华政策由接触调整为"规锁"，并在《2019财年国防授权法案》中明确提出"全政府"对华战略，即综合使用经济、政治、外交、军事、信息战等各种手段赢得与中国的战略竞争。2022年10月，拜登政府在其出台的《国家安全战略》中,将"战略竞争"作为美国面临的首要挑战,而中国则是其"最重要的地缘政治挑战"。拜登政府宣称美国及其盟友应激发更多应对挑战的集体行动,制定技术、网络安全、经贸规则,利用各同盟国家与中国的共同利益来塑造与中国竞争的有利外部环境,以影响中国的行动。美国对华"全政府"竞争战略,尤其是针对中国高科技产业的精准遏制和联盟施压战略,对中国的自主科技创新和数字经济发展构成了严峻挑战。

二是新冠疫情的冲击。2020年全面暴发的新冠疫情加速推动经济全球化进入新阶段。事实上,在新冠疫情暴发前,众多因素便已经推动经济全球化出现了变化。其一,世界格局的巨大变化尤其是中国的崛起,使美国认定其曾经支持并主导的世界贸易组织规则已对其造成重大的利益损害,必须重新制定并主导新的全球贸易规则;其二,第二次世界大战后在美国主导下所形成的有关全球经济发展的主流价值观发生了重大分裂,即杜鲁门总统以来所坚持的美国必须吸取两次世界大战的教训,让后发展国家通过融入美国主导的全球多边贸易、金融安排获取经济增长收益,借以构建和平繁荣世界的主流价值观,被特朗普的"美国优先"原则打破。特朗普的频繁"退群",包括退出TPP协定等,正是这种价值观分裂的反映,这也是逆全球化的思想根源。也就是说,在新冠疫情暴发前,全球化就已经开始出现了分裂,即世界主要大国之间不再有统一的有关全球经济发展的价值观或者共识,而是谋求符合自身利益的全球贸易金融规则。

新冠疫情进一步加速了经济全球化分裂的进程，并推动经济全球化向周边化、区域化、集团化、安全化转型。疫情暴发前，跨国公司和制造业企业出于追逐成本洼地和利润最大化的考虑，其生产链条横跨多个国家和地区，生产链、供应链和价值链高度细化，通过分工合作提高生产效率，在最大程度上获取规模效应，扩大利润。但在新冠疫情的冲击下，全球生产链和供应链变得极度脆弱，任何一个环节出了问题，都将导致整个链条的中止和断裂，从而严重干扰企业的生产运作。更为重要的是，一些关乎国计民生的重要战略物资，如医药产品、关键医疗器械、大宗商品和原材料，其供应地和生产地如果过于集中在某个地区或国家，在特定情况下可能会产生安全风险。因此，在国家层面，美国等国家开始强调经济安全和产业安全的重要性，尤其是降低对中国的经济依赖；在企业层面，大型跨国公司也开始关注供应链安全问题，缩短供应链条、分散原材料来源地、寻求产能备份成为跨国企业全球战略布局需要考量的重要因素。简单地说，在新冠疫情的催化下，单纯追求成本最小化和利润最大化的超级全球化时代走向终结，全球化进入一个多元化、碎片化的新阶段。

三是技术创新的浪潮。近年来，在数字技术创新的驱动下，新一轮产业革命已经到来，其中以人工智能、大数据、云计算以及区块链为代表的数字新技术走出实验室，加速产业化。在数字技术创新的驱动下，新一轮产业革命带动数字经济蓬勃发展。在新一轮科技革命的塑造下，国际权力的竞争与互动模式突破了地理空间的限制，国际权力的基础正在相当程度上被技术权力替代。打造科技实力成为支撑传统霸权体系的重要支柱。国际权力结构的质变推动国际政治从"地缘政治时代"走向"技术政治时代"，进而孕育出"技术政治战略"，围绕新技术权力的国际战略布局已经全面展开。

在此背景下，科技竞争成为中美竞争的关键。数字经济时代中美竞争的特殊之处在于，数字经济成为财富的主要来源；网络技术迭代速度快，技术垄断和跨越式竞争并存，技术标准制定权的竞争成为国际规则制定权的重点。这些特点对大国的改革能力提出了新要求——中美两国谁能集中更多力量于科技创新，谁能通过改革使有限的资源发挥出最大的创新成果，谁就有希望在大国博弈中胜出。数字时代的战略竞争对科技创新有新要求——创新在众多领域进行且要求创新提速。因此，中美两国都不可能仅仅依靠企业的科技创新来实现这一战略任务，两国政府必须深度介入科技创新，以争取科技创新能力的长期优势。中国在大数据、人工智能等普遍被视为推动新一轮产业革命的核心技术领域，不仅展现了强大的创新能力，而且呈现出赶超美国的技术优势并引领全球技术发展和商业模式创新的巨大潜力。这使得中国不得不承受来自美国及其盟友的全面遏制与打压，但与此同时，中国也面临在数字经济时代实现"弯道超车"的历史性机会。抓住有限的时间窗口和机遇期，通过新一轮对内改革和对外开放，应对内外部的多重挑战以实现中国的可持续发展至关重要。

◇ 第二节　中国式现代化"新三大法宝"的前海实践

如果说中国改革开放四十多年来波澜壮阔的历程是理解前海改革的大背景和实践逻辑，那么我们需要站在理论创新的高度去凝练前海改革的理论逻辑和战略依据。从这个意义上说，我们需要将前海的改革创新置于中国式现代化这一宏大的历史进程中，从中国式现代化的前海样本这一角度解读"前海是什么"这一关键问题。事实上，正如我们一直强调的，"前海模式"是高质量发展的"新三大法宝"——改革、开放、创新在粤港澳大湾区的生动实践。或者说，前海是中国式现代化的一个最有代表性、最具典型意义的鲜活案例。

一　中国式现代化的三个维度

2022年，中国共产党第二十次全国代表大会提出了"中国式现代化"的概念，并对此进行了全方位阐述，具体而言有五个方面：一是人口规模巨大的现代化；二是全体人民共同富裕的现代化；三是物质文明和精神文明相协调的现代化；四是人与自然和谐共生的现代化；五是走和平发展道路的现代化。这些方面非常重要，可以称为"五位一体"的中国式现代化。其中，有的方面已经实现或正在实现，有的方面还是作为一个目标来追求。2024年，党的二十届三中全会描绘了以全面深化改革实现中国式现代化的蓝图。我们需要从学术的角度和理论层面进一步讨论中国式现代化的内涵。事实上，近代以来，无论是哪个国家的现代化都可以从以下三个层面展开讨论。

一是物质意义上的现代化。现代化首先发生在物质的巨大变化上。这比较容易理解，高楼大厦、高铁、高速公路、空港、海港等都是现代化的形态。中国曾经提出的"四个现代化"——工业、农业、科技、国防的现代化，工业和农业现代化都属于物质层面的现代化。世界各国有不同的文明和文化，对物质意义上的现代化有很多共识。当然，不是每个社会群体都追求物质现代化，一些少数群体，如尼泊尔的苦行僧，这些群体就不追求物质现代化。但世界上大部分国家都追求物质的现代化，即对美好生活的向往。

当定义"中国式现代化"时，为什么说中国的现代化与世界其他国家的现代化既有共同的方面，也有不同的方面？其道理在于，共同的方面主要还是物质意义上的现代化，物质的现代化是第一个层次的现代化。谁比谁"现代"很好衡量。例如，A造一辆车每小时只能开100千米，B造一辆车每小时能开300千米，B的造车技术就比A更现代化；C能把人送到月球，D不能把人送到月球，C就比D的航天工业更现代化。这是一个共识。

二是人的现代化。人类社会的现代化如果离开了人这个关键将变得毫无意义，现代化最终的目标是为人服务。人不是抽象的，人是文明、文化的产物，人是有价值观的。所以现代化成不成功，要看老百姓接不接受。如果物质上很现代化，社会生活却越来越糟，像以前中国的现代化推进得很快，但是环境破坏得很厉害，老百姓身心健康受损，这种现代化的价值就存在很大的问题。另外，人的价值观的现代化也极为重要。从世界历史来看，现代化首先是作为理念诞生于欧洲的文艺复兴运动。文艺复兴之前，西方世界长时间处于"黑暗时代"，宗教、上帝是衡量一切事物的标准，一切以上帝为依归。从文艺复兴开始，人们把世界观的焦点从上帝转向了人类社会。从文艺复兴开始到启蒙运动的那些价值观是进步的，所以现代化也是人类社会共同的价值追求。

要注意到，中国在现代化开启时，梁启超先生的著述提倡"新民"，他觉得中国人以前是传统人而不是现代人，现代化就是要造就"新民"。这是他的理念，也是毛泽东这一代的中国共产党人的理念。五四运动强调"新民学说"就是这个原因。一些人接受了现代化的概念，一些人没有接受现代化的概念，会有什么样的后果？柬埔寨为我们理解这一问题提供了很好的样本。所以要特别谨慎，对人的现代化要把握好，这并非摒弃以前传统的价值观而去接受一套完全新的、西方式的价值观。

三是介于物质现代化和人的现代化之间的制度现代化。制度现代化的作用主要表现在三个层面：一是看哪种制度更能推进物质现代化；二是看哪种制度更能推进人的现代化；三是看哪种制度更能协调物质现代化和人的现代化之间的关系。从西方文艺复兴开始，人们对现代化是一个非常积极、正面的态度。

但是西方现代化从今天来看一定程度上也是具有毁灭性的，物质意义上的现代化会对传统社会造成很大的冲击，旧的社会秩序、政治秩序被破坏了，新的社会秩序、政治秩序建立不起来。因此，有些国家在现代化过程中陷入了无政府状态；虽然经济、科技在发展，但现代化的社会秩序和政治体系没建立起来。

由于现代化从西方开始，包括中国在内的许多国家在很长一段时间里把现代化理解成西方化。这不仅是中国五四运动以后出现的现象，整个世界基本上都是如此。例如伊朗革命，伊朗的宗教、文化和西方完全不是一回事，但是他们当时把现代化看成西方化。土耳其近代以来也是把现代化看成西方化。苏联解体之后，俄罗斯一度也简单地希望倒向西方实现现代化。第二次世界大战以后，尽管广大的亚非拉国家取得了独立，但它们几乎都把西方化作为现代化的唯一标准。这无疑需要我们进行深入的思考和总结：制度现代化到底是什么样的现代化？事实上，制度的现代化并不是把西方的制度移植过来，制度现代化是指自己国家本土制度的现代化。这主要是基于制度的现代化与人的现代化这两个方面的考虑，而物质的现代化方面，西方与其他国家的差异并不大。

中国的现代化进程如何推进？党的十九大对中国的现代化有一个总结，就是中国的现代化模式为那些既想追求发展又要保证独立的发展中国家提供了另外一种选择。党的二十大更进了一步，回答了什么叫中国式现代化以及中国式现代化的意义是什么。三个层面的现代化能否协调发展？党的二十大对新的现代化五个方面的定义，既接受了中国在追求现代化过程中的教训，也吸取了世界其他国家现代化的教训。这些教训其实是很深刻的，五四运动后很长一段时间我们认为现代化就是西方化。中华人民共和国成立以后，中国采取与苏联站在一起的"一边倒"策略，后来因为种种原因中苏同盟破裂，中国作为一种独立的世界力量而存在。中国式现代化提出来以后，引发了全球的热议和关注。对发达国家来说，其最担心的问题是，这个中国式现代化是不是要取代西方式的现代化？而发展中国家的普遍问题是，中国式现代化与他们有什么关联？因此，我们需要对中国式现代化做更多的解释。

第一，我们既然强调中国式现代化，表明我们也承认欧洲式现代化、美国式现代化、日本式现代化、新加坡式现代化等。第二，我们强调中国式现代化意味着：从经验来看，那些能符合自己文明、文化、国情的现代化是成功的，而那些不符合自己文明、文化和国情的现代化往往是失败的。第三，我们强调中国式现代化，表明我们不会把自己的现代化模式输出到其他国家。我们反对美国把美国式的现代化或者西方式的现代化强加给其他国家。按照这个逻辑，我们也不会把中国式现代化模式输出到其他国家，所以我们强调每一种文明、每一种文化、每一个国家对现代化的理解不同，现代化的模式是多元的，追求方式是多元的。同样追求现代化，但"条条大路通罗马"，有不同的方式去实现。当然，现代化有一些共同的价值要追求，但是追求这些价值的道路是不同的，取决于每一个国家不同的历史发展阶段、物质水平及制度条件。

二　高质量发展的"新三大法宝"　◇〈〉◇◇

　　党的二十大提出了高质量发展这一目标。高质量发展是中国式现代化的题中应有之义，是实现中国式现代化的主要途径。2023 年 1 月和 2024 年 2 月，广东省先后两次召开了高质量发展动员大会，对于转变发展理念起到了非常重要的作用，其意义在于促使基层政府部门深入思考——什么叫高质量发展？高质量发展从哪里来？显然，不能简单地把 GDP 增长与高质量发展等同起来，我们要追求那些能增加国民财富的 GDP 增长，而不是有损于国民财富增加的 GDP 增长。问题在于，在追求高质量发展时，经济增长的传统"三驾马车"遇到了什么问题？它们还能继续支撑中国的高质量发展吗？

　　首先是投资，基础设施投资很重要。从整体上看，全国基础设施投资增加得很快，但是基础设施投资能不能像以前那样带动经济高速增长？中国东部沿海地区基础设施投资基本上已经饱和了。从世界的比较来看，中国东部地区甚至中部地区的基础设施已经相当先进。当然，西部地区会有一些基础设施投资的空间，但是西部地区的经济活动本身并不多，需要兼顾投资的规模与效益。同时，中国的人口总数已经开始减少，这意味着过度投资存在巨大风险。日本在这方面有很多教训值得吸取。因此，尽管今后一个时期，基础设施投资仍然是支撑经济增长的重要力量，但基建投资要秉持"高质量"和"可持续"

两个原则。"高质量"是指基建投资不仅要重视"硬基建",还应当注重"软基建"和"新基建",尤其是要发挥后者的重要作用;"可持续"则是指兼顾投资的数量与效益,杜绝过度加杠杆以追求短期效益的现象。

其次是消费,消费能成为拉动经济高质量发展的重要引擎吗? 2023 年我们见证了中国服务业的复苏态势,"地摊经济"证明中国人的消费热情是高涨的,但要依靠消费持续拉动中国经济的高质量发展需要满足以下两个条件。一是需要更高水平的供给侧结构性改革与消费的增长相匹配,或者说产业结构的不断迭代升级与消费升级形成良性循环,供给侧和需求侧同步升级、同频共振,这才是真正意义上的高质量发展。否则,很有可能出现的情况是,一方面消费的总量和对 GDP 的贡献度都在提升;另一方面,有效需求仍然不足。从数据上来看,2024年上半年,北京、上海、广州、深圳四个一线城市的社会消费品零售总额的增幅明显放缓,这说明有待释放的消费潜力仍然是巨大的,我们要通过高质量的供给不断提升消费的品质。二是消费需要以可支配收入的持续增长作为基础,这对我们收入分配机制的合理性提出了比较高的要求。从世界范围来看,如果一个社会要变成真正意义上的消费社会,那么中产阶级的占比要达到60% 甚至70%,至少要跨过50% 的门槛,因此消费社会的另一个代名词就是中产社会。任何一个社会总有一些消费过度的群体,而低收入阶层永远是消费不足的,真正能可持续消费的是中产。目前,收入水平相对较低的农村人口在中国人口结构中的占比仍然较高,从这个意义上说,中国距离中产社会(消费社会)还有一段路要走。

最后是外贸,一个不争的事实是,中国经济增长需要降低对外贸的过度依赖。改革开放后的外贸增长主要是整个西方世界逐步接受中国,尤其是中国加入 WTO 以后,完全融入了世界市场,与世界市场一体化,所以当时外贸对拉动中国的经济增长起到非常大的作用。但是近年来,中国外贸出口的环境发生了显著变化。尽管这种变化还没有立刻从中国的贸易数据上显现出来,但全球贸易面临越发明显的地缘政治风险。对于中国而言,传统的外向型增长方式面临着较为严峻的挑战。从整体来看,主要发达经济体的需求持续低迷。当然,增加对发展中国家的出口的确有助于稳定外贸,但是从规模上来看,对发展中国家的出口在短期内很难替代对西方的出口。所以,尽管投资、消费以及出口这"三驾马车"很重要,还有一定的增长空间,但是实现更强劲、更高质量的增长,还需要更多管用有效的办法。

如果传统的"三驾马车"动力不足,下一步怎么走?中国在革命时代有三大法宝,下一步以高质量发展实现中国式现代化也有三大法宝,那就是"改革、开放、创新"。我们将其称为"新三大法宝",意在通过借用革命时代的"老三大法宝"这一深入人心的表述,引发大家对高质量发展的关注和思考。事实上,无论是"老"法宝还是"新"法宝,都源自中国革命和发展的实践,都是中国共产党领导中国人民在实践中摸索、总结出来的宝贵经验，是符合中国的实际情况、能够真正解决问题的中国智慧。从这个意义上说，"新三大法宝"既"新"，也"不新"。所谓"新"，主要是指中国已经实现了"站起来"的革命目标，接下来就是如何实现从"富起来"到"强起来"的发展目标，在新的历史条件和历史方位下，我们如果用好了改革、开放和创新这三件利器，就能够创造中国发展的新辉煌；所谓"不新"，是因为中国过去四十多年来的发展历程，就是一个改革、开放和创新的过程，因此"新三大法宝"的有效性已经得到了时间和实践的检验，它们既是过去中国经济社会发展取得巨大成就的宝贵经验，也是未来中国以高质量发展实现现代化的不二法门。

改革作为"新三大法宝"之首，早已为国人所熟知。中国提出并解决了关于改革的几个关键问题：第一，什么是改革？总结起来就是能够破除生产力发展阻碍的改变就是改革，因为"贫穷不是社会主义""发展才是硬道理"；第二，谁来改革？中国共产党是中国改革的领导者和推动者，这是共产党执政为民的底色；第三，怎么改革？归根结底就是要解放思想、实事求是，一切有利于发展的条件都可以利用，一切发展经验都值得学习和借鉴，因为"不管黑猫白猫，抓住老鼠就是好猫"。改革的方法论至关重要，中国改革开放四十多年来所取得的巨大成就，与上述三个问题是密不可分的。总结经验的目的是启迪未来，随着中国的发展进入新的阶段，我们应当如何用好改革这个"法宝"——以全面深化改革实现高质量发展？在解放战争进入夺取全国胜利的决定性阶段,毛泽东提出了"将革命进行到底"这一命题;我们现在处于全面建设中国式现代化的关键阶段,面临着如何"将改革进行到底"的历史命题。习近平总书记关于改革方法论的一系列阐述,是中国改革大局的"定盘星";党的二十届三中全会关于全面深化改革的一系列部署,则是我们继续推进改革的"指南针"。

开放和创新同样至关重要,二者是相辅相成、相互促进的关系。放眼全球,各国都希望通过创新带动发展,问题在于如何创新?开放对创新很重要。日本的经济发展就是开放的产物,亚洲"四小龙"的经济发展也是开放的产物。1978年改革开放以后,国内的现代化力量与国际层面的全球化力量这两股力量是相向而行、互相配合、互相强化、互相促进的,使得中国的现代化进展得非常顺利。但是今天中国面临的是逆全球化甚至反全球化,中国已经受到很大的负面影响。怎么办?尤其是珠三角地区过去四十年是通过开放成长起来的,很多制造业都与开放、与外资有关系。现在国际形势完全不一样了,如果说以前是顺风顺水,现在就是逆水行舟,2018—2023年,广东外贸进出口年均增速已不到3%。这对我们来说是一个很大的考验。但即使是这样,还是需要开放。

放眼全球,就能够对"新三大法宝"尤其是开放,有更加深入的理解。美国是全球第一大经济体,也是经济最发达的国家。美国为什么强大?美国的强大来自开放。美国有三大开放系统:一是开放的科教与人才系统,二是开放的企业系统,三是开放的金融系统。美国为什么能实现那么长久的可持续发展？为什么美国的技术、经济一直在进步？实际上这与美国的三大开放系统分不开。

首先，是人才与科教系统。科技是第一生产力，科技从哪儿来？科技来自人才，人才是第一资源。美国是移民国家，在两次世界大战期间吸收了大量的欧洲科学家。美国在第二次世界大战以前没有强大的基础科研，应用技术也较为薄弱。但有趣的是，第二次世界大战期间，罗斯福政府从欧洲一些国家进口了大量的纺织品，后来有人提议，"与其进口大量的纺织品，还不如把那些制造这些纺织品的人才请过来"。后来美国人就改变了思路，把欧洲的人才请过来。1945 年 7 月，随着"布什报告"——《科学：无尽的前沿》出台，美国基础科研、应用技术迅速发展壮大，人才也同样如此。所以我们必须意识到，美国是世界人才的一个平台。"冷战"期间，美国用全世界的人才（包括从苏联、东欧移民到美国的人才）与苏联竞争，结果可想而知，苏联失败了，美国赢了。

如今中国也面临类似的窘境。美国网罗全世界的人才，包括很多中国的人才与中国竞争。改革开放以后，中国向美国输送了数量庞大的留学生，其中相当一部分留在了美国工作和生活。中国一些高等学府往往以为美国培养人才感到骄傲，把最好的人才都送到美国去。在亚洲，日本在教育自信方面做得比较好，日本明治维新以后也把最好的学生送到欧美，但是一段时间以后很快就建立了教育自信。亚洲很多经济体没有教育自信,简单地复制西方的范式,因此很难培养出顶尖人才。国际人才竞争已经趋于白热化,如果中国不能与美国一样在国际人才市场上分一杯羹,就很难赶上美国。

其次,美国有开放的企业制度。相比中国的企业,为什么美国的企业竞争力那么强?中国企业追求的目标与美国企业有什么不一样?中国的企业为什么对占领市场份额那么在意?企业关心的都是占有份额的多少。但在西方,企业很少讲市场份额。德国的中小型民营企业占有的市场份额较小,但生产的都是高附加值产品,生存期往往长达百年。归根结底是因为西方的企业是一个开放系统,相对而言中国的企业则较为封闭。例如,考察供应链的长短,美国的特斯拉公司是一个比较典型的案例。特斯拉的供应链拉得很长,特斯拉各个零件供应商都在相互竞争,一个零件的技术进步了,另一个零件也要跟着进步,所以各个部门之间有很大的竞争,因为供应链是开放的。在中国,企业之间往往缺乏这种开放度。因此,无论是国有企业还是民营企业,尽管加起来总量很大,但是不强。

这实际上能够比较好地解释长期以来的一个问题:为什么中国的企业缺少统一的标准和规则?因为美西方的企业是开放的,它可以制定规则标准;而中国每一个企业都想制定自己的标准规则,没有合力。如果中国的企业制度不开放、不改革,很难与现在欧美的企业竞争。但欧美企业也不是说一开始就是这样的。20世纪80年代以前,它们也是生产整个产品,就像现在的中国企业一样。20世纪80年代以后,生产要素在全球范围内配置，每个企业只生产其中一部分。现在世界上很少有企业可以生产所有东西，所以开放的企业系统非常重要。

最后，美国还有一个开放的金融系统。詹韦（William H. Janeway）是一个在美国有 40 年经验的风险投资人。他在其著作《创新经济中的资本主义》（*Doing Capitalism in the Innovation Economy*）中提到，过去 250 年，金融资本在推动经济增长的过程中发挥了非常重要的作用。尤其是在第二次世界大战以后，如果去除了美国因为风投而产生的经济活动，美国一大半的实体经济就没有了。事实也大体如此，因为从基础科研到应用技术，必须用金融作为转化器和推进器，所以金融系统非常重要。然而，在很多人的观念里，金融还是负面的、投机倒把的活动。如何促进金融发展呢？这方面的政策仍然是不足的。金融对一个国家的经济发展，尤其是实体经济发展会起到巨大的推动作用。我们需要把金融发展与实体经济金融化、金融经济虚拟化分开来。没有开放的金融系统就很难发展实体经济。

从上述三个方面来说，中国在通过高质量发展实现中国式现代化的进程中，必须要回答如何建立起这三个开放系统的问题。也就是说，我们需要确立关于开放和创新的"方法论"。总而言之，中国的高质量发展和中国式现代化目标的实现需要"新三大法宝"，就是要继续改革、开放、创新，只有"新三大法宝"才能通往明天和未来。

三 "前海模式"的三个基本问题

在梳理完中国式现代化的三个维度以及高质量发展的"新三大法宝"之后，我们就能够比较容易地理解前海的改革实践了。"前海模式"是高质量发展的"新三大法宝"——改革、开放、创新的生动实践，是中国式现代化最有代表性、最具典型意义的鲜活案例之一。为了更好地理解"前海模式"的内涵，我们提出三个问题：第一，为什么是前海？旨在揭示前海改革、开放、创新的源起；第二，前海是什么？旨在回答前海何以能够成为中国式现代化的典型案例；第三，前海的发展带来什么启示？则在于提炼"前海模式"在中国式现代化进程中的一般性意义。

为什么是前海？

深圳是中国改革开放的前沿，也是发展最为成功的一个经济特区，从改革开放起地区生产总值不足 2 亿元，到 2023 年实现地区生产总值超过 3.46 万亿元，增长约 1.6 万倍。但深圳的发展并非一帆风顺，深圳是中国改革开放历史进程中主动求变的先行地。随着中国的发展进入"新常态"，中国迫切需要在改革开放的道路上重整旗鼓"再出发"，在更加广阔的领域解放思想、深化改革和扩大开放。按照中国一贯的"渐进式""试点式"的改革逻辑，在哪里先行先试极为关键。深圳作为改革开放的特区，无疑具备绝佳的试点条件。因此，在深圳开辟"特区中的特区"，作为改革开放"再出发"的起点可谓顺理成章。

从深圳自身的情况来看，深圳作为国家打造的中国特色社会主义先行示范区，使命光荣、责任重大。改革是深圳的灵魂，开放是深圳的基因，创新是深圳的使命。面对百年未有之大变局，深圳迫切需要在中国式现代化的历史进程中锚定新坐标、寻求新突破、树立新标杆，为粤港澳大湾区融合发展，为带动国内其他地区更好地融入"双循环"发展格局，凝练深圳特色、分享深圳经验、贡献深圳智慧。这既是深圳自身发展的内在需要，也是深圳融入国家总体战略布局的历史使命。立足百年变局、实现创新发展，深圳需要拿出切实可行的路线图和行动方案。中央在看，全国在看，世界在看；深圳的发展就是中国的发展，深圳的创新就是中国的创新。2010 年 8 月是深圳经济特区成立 30 周年，也是"而立之年"，深圳需要拿出第二次改革开放的魄力，本着对国家负责、对人民负责、对历史负责的态度，谋篇布局、勇毅前行。中央将深圳前海开辟为先行区，意在通过前海改革创新的实践，继续发挥深圳作为中国特色社会主义先行示范区的引领作用，助力中国新一轮的改革开放。

前海是什么？

前海作为"特区中的特区"，全国唯一的深港现代服务业合作区，肩负着在"一国两制"方针下，探索丰富与香港协同协调发展，支持港澳更好融入国家发展大局的重大责任与使命。前海旨在探索"新三大法宝"——改革、开放、创新如何服务于中国的高质量发展，并最终实现中国式现代化。因此，可以从以下三个方面来理解前海的本质。

第一，前海是中央顶层设计的改革"试验田"。理解"中央的顶层设计"至关重要。回顾中国乃至世界历史，人类社会的变革大体上有两种逻辑：第一种是自下而上的逻辑，通常是基层自发组织的变革，其源于局部的、微观的体察，连点成片、由基层至中央。其优点是这种变革是社会实践最直接、最彻底的反应，往往代表了社会某个阶层乃至整个社会最直接、最朴素的诉求，最接地气。第二种则是自上而下的逻辑，通常由行政当局推行，其变革的目的仍然是解决特定时期社会的主要矛盾，只不过在方法上采取自上而下的方式，具有宏观意义上的统筹性和时间维度上的渐进性，因此这种变革通常以改革或改良的形式展开。其优点是一般来说改革的社会成本较低，具有一定的容错性；但不足则是，改革成功与否受到一系列主客观条件的制约，尤其是一旦宏观统筹出现方向性错误，或者基层在推行改革时出现偏差，往往导致改革出现事与愿违的情况。中国的改革开放，则兼顾了以上两种改革逻辑，其本质是决策层（中央）对社会实践（基层）自发组织的有利于解放和发展生产力的变革的一种承认，并有组织地在全国推广的一种行为，如家庭联产承包责任制改革等。因此，中央对改革的顶层设计，既包含了尊重基层实践和创新这一"实事求是"的科学精神，也有"从实践到理论"和"从特殊到一般"的归纳与演绎，是一种符合科学规律和现代社会治理逻辑的顶层设计。这是确保中国改革开放行稳致远的关键所在，深圳、广东乃至整个中国改革的成功都源于此。因此，中央的顶层设计是确保前海改革成功的前提和关键。

第二，前海是中国推动制度型开放的"新平台"。在中国改革开放的初期，主要是商品、要素和服务进出口贸易，引进技术和利用外资，在沿海地区发展"三来一补"加工贸易。这时的对外开放主要是商品和生产要素的流动，这是中国必须经历的一个阶段。因为当时中国还处于"短缺经济"时代，许多商品凭票供应，通过商品进口可以弥补国内生产不足的问题；与发达国家的科技差距较大，加上外汇不足，这些问题可以通过出口和"三来一补"得到缓解。经济特区是中国对外开放的一个重大举措，之后又兴建了保税区、自由贸易试验区（港）等，目的都是通过更便利的方式加大加快对外开放。然而，随着中国对外开放进一步深化，仅有商品和要素流动型开放已经明显不够。2018 年 11 月，中央经济工作会议提到，要适应新形势、把握新特点，推动由商品和要素流动型开放向规则等制度型开放转变。这是中央较早正式公开提出"制度型开放"这一提法。党的二十大报告则指出，稳步扩大规则、规制、管理、标准等制度型开放。制度型开放涉及的是规则、规制、管理、标准等，相对商品和要素来说，开放的层次更高、难度更大，是深化改革开放的重要举措。从中央对前海改革的定位来看，前海地处深圳经济特区的开放前沿，前海毗邻香港自由港、国际金融中心，在现代服务业领域全面推动规则对接和制度型开放，可以更好地发挥服务内地、面向世界的作用。

第三,前海是高质量发展的创新"策源地"。可以从两个方面来理解创新对于高质量发展的支撑作用。一是制度创新。制度经济学的研究表明,制度是一种重要的生产要素。在土地、资本乃至技术水平保持不变的情况下,制度的改良能够带来生产效率的提升。现代大国竞争,本质上就是制度和科技两个维度的竞争。由于制度对人类行为和组织效率具有重大影响,因此好的制度能够放大其他生产要素的作用。中国改革开放实践也反复证明了这一点。仍以家庭联产承包责任制为例,其本质无非是改变了农产品的分配制度,即"交够国家的、留足集体的、剩下全是自己的"。分配制度的改变极大地调动了农民的生产积极性,使得农业和农村焕发出了巨大的生机活力。二是科技创新。中国要实现高质量发展,走出世界银行提出的"中等收入陷阱",进入高收入国家行列,关键在于突破发展中国家普遍面临的"中等技术陷阱"。或者说,跨越"中等收入陷阱"的关键在于跨越"中等技术陷阱"。简单地说,一个经济体从低度发展到中等收入水平可以借助从发达经济体扩散而来的技术而实现,但很难通过单纯的技术扩散来实现从中等收入到发达经济体的跨越。也就是说,一个经济体的发展早期可以依赖技术扩散、依靠学习复制发达经济体转移出来的技术,但要实现高收入经济体的目标,一方面需要依靠培养"从0到1"的原创性技术创新能力;另一方面则需要有能力在现有应用技术领域实现可持续的技术升级,即从技术刻度的4—7或更低水平不

断向 8 以上的水平迈进。无论从供应链、产业链还是价值链等
维度来看，中国目前的技术大体处于中等技术水平，具有两个
主要特征：第一，在基础科研领域，缺少"从 0 到 1"的原创；
第二，在应用技术领域，如果用 1—10 的刻度来衡量，中国大
体上处于 4—7 的水平。从国际经验来看，一个国家要突破"中
等技术陷阱"，必须具备三个条件：有能力进行基础科学研究的
大学与科研机构、有能力把基础科研转化成应用技术的企业以
及一个开放的金融系统。这就涉及如何在开放条件下开展科技
创新和金融创新的问题。前海正是作为一个重要的制度创新、
科技创新以及金融创新的"策源地"，以其不断探索的创新实践
支撑中国的高质量发展和中国式现代化的宏伟目标。

前海有何启示?

我们仍然可以从改革、开放和创新这"新三大法宝"出发，
提炼出前海模式在中国式现代化进程中的一般性意义。

第一，前海改革能啃下来的"硬骨头"，全国其他地区就可
以推动。中国改革遵循的逻辑是循序渐进、由易到难。这就意
味着，四十多年来，容易做的已经基本做完了，剩下的都是需
要攻坚克难的"硬骨头"。目前，在行政管理体制、税收体制、
金融监管体制、社会治理体制、国有资产管理体制、医疗卫生
体制、教育体制等各个领域，都不同程度上存在改革的"死角"
和"顽疾"。这些体制机制性问题不解决，高质量发展就无从谈
起。但改革不能冒进，试点的良好做法值得保留。在这方面，

前海的意义和价值无疑就凸显出来了。前海改革,就是要突破常规的改革思路,蹚出一条新路。作为法定机构,前海管理局的设立本身就是一大创新。借鉴新加坡、中国香港等地,又结合深圳实际设置的法定机构定位,将体制内强大的动员能力和灵活的市场化运作机制有机结合,决定了前海管理局的运作模式有别于传统的行政管理部门。因此,前海在各个领域进行的改革探索,为全国其他地区涉足改革的"深水区"树立了信心,作出了表率。

第二,前海开放摸索出来的"门道儿",全国其他地区可以借鉴。当前中国正处于从市场型开放向制度型开放转变的过渡阶段,开放模式的转变涉及方方面面,是一个复杂的系统工程。一个社会的制度是其经济基础、文化形态等多种因素综合作用的结果。制度型开放意味着中国必须在投资贸易、竞争政策、服务贸易、法律体系、风险防范等各个领域向国际通行的标准看齐,以制度对接的方式将开放政策固定化、体系化、长期化,让世界对中国的开放形成稳定的预期。因此,制度型开放与市场型开放的最大区别在于,市场型开放基本上属于准入性开放,是一次性或者阶段性的开放,可控性较强;而制度型开放的关键在于立足于现代企业制度、现代贸易体系、全面开放条件等基础上的制度设计,很难"一放了之",需要长期持续的制度建设以提高制度供给的质量。这就对开放社会的所有主体都提出了比较高的要求。其中,大量的细节需要内外资企业、境内外人才、社会组织、行政机构、立法机关等在实践中探索、磨合，这正是前海的意义所在。以规则对接为例，内地与香港有着差异较大的司法体系，如何推进制度的对接？这里面有大量的操作层面的问题需要解决。前海在这方面积累的经验，可以为全国其他地区推进制度型开放提供很好的借鉴。

总而言之，制度创新是实现高质量发展的重要途径，也是前海的灵魂。回顾前海合作区发展的历程，在制度层面持续创新，不断突破体制机制的阻碍以实现高质量发展，始终是前海改革最鲜明、靓丽的特色。前海在现代服务业体系建设、商事制度改革、贸易方式转变、区域一体化发展、高水平对外开放、现代城市建设与管理以及社会服务保障体系建设等领域，取得了一系列的制度创新成果。由于制度具有一般性和普适性，这就为全国其他地区在各自领域因地制宜地开展制度创新提供了便利，可谓"按图索骥、事半功倍"。

第三节　中央的顶层设计与推动

一　打造"特区中的特区"

"前海模式"是在习近平总书记倾注心血、亲自指导下逐步形成的。习近平总书记是前海开发开放的决策者。开发前海的决策有深厚的历史背景和长远的战略考虑。自从蛇口打响改革开放的第一炮后，深圳一跃成为世界瞩目的经济特区。但随着时间的推移，改革的边际效果逐渐递减，深圳"特区不特"的话题也不断引起人们的关注。在这样的危机感和紧迫感中,特区"如何再特",使之更加具有特区的探索意义,又如何通过特区的发展来支持香港的长期繁荣稳定,是大家普遍关心的重大问题。

在这种背景下,在时任中央政治局常委、国家副主席、中央港澳工作协调小组组长习近平的关心推动下,国务院于2010年8月26日在深圳经济特区成立30周年的重要时间节点上,正式批复实施《前海深港现代服务业合作区总体发展规划》(简称《前海总规》),提出建设现代服务业体制机制创新区、现代服务业集聚区、香港与内地合作先导区、珠三角转型升级引领区,打造"特区中的特区"。习近平的指示和积极推动,对前海合作区的建设和发展起到了至关重要的作用。

二 大棋局中的"先手棋"

习近平总书记是前海开发开放的布局者,布下了以点带面推动创新发展的大棋局。2010年1月9日,习近平在一份关于对深港合作开发前海地区的意见上作出批示;2010年4月7日,广东省人民政府和香港特别行政区政府在北京签署《粤港合作框架协议》,习近平出席签署仪式。2012年12月7日,习近平担任中共中央总书记后首次离京考察,第一站就来到前海。在"前海石"旁,习近平总书记发出了改革开放再出发的号召。他寄语前海:"精耕细作,精雕细琢,一年一个样,一张白纸,从零开始,画出最美最好的图画。"2014年3月全国两会期间,习近平总书记在参加广东代表团审议时强调,前海要增强与香港发展的关联度,为香港发展扩大空间，为香港的结构优化发挥杠杆作用。2018年10月24日，在中国迎来改革开放40周年之际，习近平总书记再次来到前海。在"前海石"前，习近平总书记同前海建设者和见证者代表共话沧桑巨变。他深有感触地说，发展这么快，说明前海的模式是可行的，要研究出一批可复制可推广的经验，向全国推广。2018年12月31日，习近平总书记在新年贺词中专门提及深圳前海，对前海改革发展的成绩予以肯定。2020年10月14日，习近平总书记在前海国际会议中心出席深圳经济特区建立40周年庆祝大会并发表重要讲话，强调"要深化前海深港现代服务业合作区改革开放"。[1]2021年4月，习近平总书记亲自主持召开中央政治局常委会会议，研究审议《全面深化前海深港现代服务业合作区改革开放方案》。会上，习近平总书记作出明确要求，强调前海的发展有利于促进粤港、深港合作，推动香港更好融入国家发展大局，也有利于打造改革开放新高地，为全国其他地区提供经验示范。[2]

从习近平总书记的系列指示中不难发现，早在中国进入"新常态"这一结构调整期之初，中央就已经意识到制度型开放和创新对于中国未来发展的重大意义。可以说，中央在前海布下的是开放、创新的大棋局，前海改革是一步"先手棋"，超前于

---

[1] 习近平：《在深圳经济特区建立40周年庆祝大会上的讲话》，人民出版社2020年版。

[2] 《风好再扬帆——以习近平同志为核心的党中央关心前海深港现代服务业合作区建设纪实》，2021年9月11日，新华网，http://www.xinhuanet.com/politics/2021-09/11/c_1127851477.htm。

中国经济发展的周期，可谓洞察先机、胜在格局。

迄今，前海的发展主要经历了三个阶段。一是成形起步阶段（2010—2015年），国务院批复了《前海总规》，设立部际联席会议和高规格的咨询委员会，搭建了与国际开放接轨的基本制度安排；2012年6月，国务院发布支持前海开发开放22条先行先试政策（即"前海22条"），实施对接香港优势产业的税收安排，支持前海在CEPA框架下加快对接香港现代服务业快速发展。二是加速推进制度创新阶段（2015—2020年），国务院印发了中国（广东）自由贸易试验区方案，前海蛇口自贸片区获批设立，总面积为28.2平方千米，包括前海片区15平方千米和蛇口片区13.2平方千米，形成以制度创新为核心推动全面开放的新格局。三是深化改革开放新阶段（2021年至今），2021年9月6日，中共中央、国务院印发了《全面深化前海深港现代服务业合作区改革开放方案》（简称《前海方案》），前海合作区总面积扩展至120.56平方千米，《前海方案》推动前海合作区全面深化改革开放，以制度创新为核心，在"一国两制"框架下先行先试，推进与港澳规则衔接、机制对接，丰富协同协调发展模式，打造粤港澳大湾区全面深化改革创新试验平台，建设高水平对外开放门户枢纽。2023年12月，新版《前海总规》正式发布，规划明确了前海的四大战略定位：全面深化改革创新试验平台、高水平对外开放门户枢纽、深港深度融合发展引领区、现代服务业高质量发展高地。"前海模式"日渐成熟，前海发展的引领作用和带动作用全面凸显。

第二章

政策："前海模式"的
框架与支柱

　　改革开放四十多年来，中国经济取得了巨大成功。这种成功无论是用什么标准来衡量，都是举世瞩目的，是具有世界意义的发展"奇迹"。我们需要思考，中国改革开放取得巨大成就的原因是什么？这是一个需要从不同维度思考，仁者见仁的问题。但有两点是无疑的：一是市场化改革方向的确立，市场化改革共识的达成来之不易，是中国共产党坚持"实事求是"这一马克思主义基本原理的结果；二是中国为了推进市场化改革而采取的各项改革举措，政策是在制度层面落实市场化改革的有效抓手。一个广为人知的事实是，为了加入世界贸易组织，中国主动实行"接轨"政策，即主动修改本国的法律、法规和政策以契合国际社会的标准。我们认为，理解中国的改革开放需要深入分析支撑改革理念的政策框架，对"前海模式"的研究也遵循同样的逻辑。本章旨在对前海的政策框架做一个全面的梳理，这是我们理解"三大法宝"如何在前海落地生根的基础。

第一节　总体架构与政策体系的演变

一　"三位一体"的政策架构

一是"依托香港、服务内地、面向世界"的总体定位。

"依托香港、服务内地、面向世界"是习近平总书记对前海的总体定位，有着深层次的战略考量。香港回归后，在"一国两制"的基础上，实现了经济、社会、民生等多个层面的可持续发展。香港回归前缺乏强有力的政府，无法有效调动各种资源以解决民生问题，导致政治生态进一步恶化。改革开放以来，香港对祖国发展作出了巨大贡献，成为西方资本走向内地的桥梁。改革开放初期，香港资本是第一波流入内地的资本，并且将几乎所有制造业都转移到珠江三角洲进行"劳动分工"，带动了西方资本的进入和深圳的发展。从中国加入世贸组织到逆全球化浪潮汹涌的今天，中国的国策始终是继续推进全球化，在这一过程中，香港的作用越来越大。

当前香港最大的比较优势是"软件"，即制度规则体系。这也是中国下一阶段发展的关键。现阶段，美国等西方国家都试图用规则来封杀中国。中国要强大，对内必须做到规则和标准的统一，这是建设国内统一大市场这一题中应有之义；对外必须跟世界规则对接，避免制度上的脱钩，这是制度型开放的核心要义。从某种意义上说，制度型开放也可以形象地理解为中国的第二次"入世",重要的是我们的城市要做"香港+",例如营商环境的市场化、法治化和国际化。前海经验表明,"一国两制"伟大构想具有强大生命力。在国际经济面临新问题、新矛盾的背景下,发挥好香港作为"一带一路"和世界主要经济体"超级联系人"的作用,有利于构建全面开放新格局,同时也有利于保持香港、澳门长期繁荣稳定,支持和推动香港、澳门更好融入国家发展大局。

二是实现高质量发展和构建新发展格局的战略举措。

从 1978 年改革开放到 2010 年成为全球第二大经济体,中国只用了三十多年的时间。在这一快速崛起的进程中,中国的工业化程度迅速提高,城镇化水平显著提升,人均收入也实现了大幅增长。如果将中国发展的速度与西方大国动辄上百年的工业化进程相比,中国的确创造了一个经济崛起的"奇迹"。但是我们也应当清楚地看到,中国的崛起是一系列内外因素和条件共同作用的结果。也就是说,中国未来能否实现可持续的崛起,需要我们对这些因素尤其是约束条件进行深入分析。我们大体上可以从内、外两个层面展开分析。

从中国自身发展情况来看,中国改革开放以来的高速发展更多地体现为经济体量的迅速扩大,增长的质量仍有待提高。如果用数量指标,即仅用 GDP 总量等量化指标来衡量中国的经济发展,那么中国的数据当然是能够支撑"中国奇迹"这一事实的。但如果使用质化指标来审视中国经济过去几十年间的高速增长,我们会得到不一样的观察。例如,从环境指标来看,中国的高速增长在一定程度上是以牺牲自然环境和生态系统为代价的；从人口出生率来看，一方面中国的城市化进程不断加快，另一方面城市人口的出生率却不断下降，中国的"人口红利"优势逐渐减弱；从收入分配公平度指标来看，中国人均国民收入水平的提高并没有自动带来基尼系数的下降，尽管我们已经取得了脱贫攻坚的胜利，但距离实现共同富裕的目标仍然任重道远；从区域发展平衡度指标来看，中国东中西部地区的发展差距依然巨大，东北等经济欠发达地区面临着人口流失、资源枯竭、传统产业转型乏力等众多挑战，这直接威胁到中国的边疆安全；从原创性科技成果数量和转化率指标来看，中国的科技创新能力仍然有较大的提升空间，尤其是高端设备制造领域面临着被"卡脖子"的巨大风险。如此种种，不一而足。因此，党的十九大提出，中国社会的主要矛盾已转化为"人民日益增长的美好生活需要和不平衡不充分的发展之间的矛盾"。从这个意义上说，中国前所未有地需要提高经济发展的质量，实现高质量发展是通向中国式现代化这一目标的必经之路。

从外部环境来看，中国经济的外向程度始终维持在高位，中国对来自外部市场的最终需求、投资以及技术溢出都有较高的依赖度。出口和投资是拉动中国经济增长关键的两驾马车，主要发达经济体庞大的消费市场是中国经济在2001—2010年高速增长的重要支撑。经济学的大量理论研究和实证检验证明，出口不仅可以直接拉动一国的经济增长，还会刺激企业加大技术投入、提高产品质量、改善公司治理等，从而有利于从整体上提高企业的国际竞争力。此外，外商直接投资也具有正向的溢出效应。回顾中国产业发展与升级的全过程，从最初的"三来一补"加工贸易，到逐步参与全球制造业生产链条，制造业水平不断提升，外资企业和中外合资企业在技术转移、经验传授等方面，都发挥了重要作用。因此，可以说开放成就了中国经济的"奇迹"。然而，凡事都有两面性，中国经济通过深入参与全球经济获得了快速发展，但也因此形成了对国际经济的高度依赖。一旦全球经济进入下行周期，中国经济也将面临严峻挑战。中国亟须为自身的经济发展寻求新的动力，中国自身庞大的国内市场和巨大的消费潜力至关重要，中国具备启动内循环的客观条件与能力。因此，构建国内国际双循环的新发展格局，是中国降低外部经济风险，实现自身可持续发展的必然选择。

前海作为"特区中的特区"，肩负着开辟改革新道路、引领中国发展新方向的重大历史使命，需要从高质量发展和构建新发展格局的战略高度，推动自身的改革、开放和创新实践，为下一阶段中国的可持续发展开辟出一条新的道路，助力实现中国式现代化。

三是以制度创新打造"最浓缩、最精华的核心引擎"。

打造"最浓缩、最精华的核心引擎"是习近平总书记对"前海模式"的生动阐述，制度创新也是"前海模式"最突出、最核心的特征。我们提出，中国的高质量发展以及中国式现代化的最终实现，要依靠"新三大法宝"——改革、开放和创新。

中国依靠改革和开放这两大法宝支撑了几十年的高速增长，实现了总量意义上的跨越式发展。展望未来，中国经济的高质量发展需要在持续深化改革开放的基础上更多地依靠创新这一利器。

经济发展的源泉或者说动力源自何处？这始终是经济学家追问并致力于回答的重要问题。政治家和普通民众也同样关注这一问题，因为这事关国家的兴衰和民众的福祉。美国麻省理工学院的德隆·阿西莫格鲁教授和哈佛大学的詹姆斯·罗宾逊教授曾合著过一本书——《国家为什么会失败？》，他们从制度与国家发展的关系角度对这一问题进行了解答。他们认为，不同国家之所以在经济成就上存在差别，是由于采用了影响经济运行的不同规则以及不同的激励制度。阿西莫格鲁将"制度"划分为两种，即包容性的政治制度、经济制度与汲取性的政治制度、经济制度。前者允许和鼓励大多数人参与经济活动，并尽最大努力发挥个人才能，个人可以自由选择；而后者从根本上就是从一部分人那里攫取收入和财富使另一部分人受益，在这样的经济制度下，仅代表少数人利益的政治群体可能并不会做出符合大众意愿的经济决策。大量理论研究和实践观察都告诉我们，制度的确是能够影响经济发展的重要变量。一个国家的制度质量决定了经济发展的质量，制度的竞争力决定了国家的整体竞争力。

当今世界，科技和制度是两个能够影响世界格局演变的重要变量。也正是从这个意义上说，国家间的竞争越来越聚焦于科技竞争和制度竞争。因此，中国高质量发展的推动力或者说核心引擎，就是科技创新和制度创新。科技创新需要持续的投入以及教育体制改革等一系列配套措施支持；而制度创新则需要不断地解放思想，以实事求是的基本准则去破除阻碍生产力发展的规则障碍，需要当政者高瞻远瞩的格局和全社会对于除旧布新的共识。由于世界上不存在绝对中性的制度，规则的改变会触动特定集团的利益，从而招致其强烈的反对甚至围攻。因此，从某种意义上说，制度创新更为复杂和艰难，影响也更为深远，对国家发展的决定性意义也更为突出。这就是为什么习近平总书记着重从制度创新层面为前海的发展把脉定调，其意在通过前海的制度创新，在全国大开制度创新之风气，以制度创新推动中国的高质量发展。

二　前海政策体系的发展完善

自成立以来，前海合作区始终坚持"依托香港、服务内地、面向世界"的战略定位，充分发挥近港临澳区位优势，注重深港协同发展，加快现代服务业创新，持续深化深港规则衔接，落实国家、省委及市委层面工作部署要求，政策体系历经了"初创—完善—加速"三个发展阶段。

一是前海政策体系的初创阶段。2010—2012 年这一时期，是前海现代服务业政策的萌芽期，也是前海制度设计的"破土期"。为深化深港合作，发挥前海区位优势，建设全国现代服务业发展创新区，在中央和地方的支持下，国务院批复了国家发改委和广东省政府上报的《前海总规》。2010 年 2 月，在借鉴中国香港、新加坡等地的管理经验的基础上，深圳市委、市政府以法定机构模式成立了前海管理局。2011 年 7 月，由国家发改委牵头，深圳前海深港现代服务业合作区建设部际联席会议制度，至此国家级协调机制正式建成。同年，"一条例两办法"——《深圳经济特区前海深港现代服务业合作区条例》《深圳市前海深港现代服务业合作区管理局暂行办法》《深圳前海湾保税港区管理暂行办法》——经深圳市人大常委会审议通过，决定前海以企业化管理、市场化运行，这为前海政策创新开拓出更为广阔的空间。同时，高规格的前海合作区咨询委员会设立，为香港专业人士参与前海的治理提供了有效渠道和智力支撑。2012 年，国务院批复支持前海发展的 22 条先行先试举措，初步完成前海政策体系的顶层设计。

二是前海政策体系的完善阶段。2013—2020 年是前海政策体系的"散叶期"。国务院各部委、省政府、市政府及市其他部门单位在此期间推出了一系列涵盖金融、法律、人才、财税等方面的发展政策。金融方面，率先支持跨境人民币贷款；支持境外机构境内发行人民币债券，金融开放迈出了重要一步。授权方面，《广东省人民政府关于支持前海加快开发开放的若干意见》出台，前海的发展权限进一步提升，凝聚了地方与中央的政策合力，授予前海管理局在非金融类产业项目审批管理上相当于计划单列市的经济管理权限，并直接推动了第一家粤港澳联营律师事务所在前海落地。人才方面，设立前海深港青年梦工场，支持香港青年创业就业的政策体系初具规模。税收方面，2014 年财政部、国家税务总局在前海实行港澳和境外高端人才、符合条件的现代服务业企业"双 15%"的税收优惠政策，即对设在区内的符合条件的企业减按 15% 的税率征收企业所得税，对境外高端紧缺人才个税超出 15% 部分给予补贴。至此，前海政策体系的基本框架得以建立。开放方面，2015 年，中国（广东）自由贸易试验区深圳前海蛇口片区设立，在国际航运枢纽港、服务贸易基地等方面的改革迈出坚实的一步。2019 年，国家开展粤港澳大湾区、中国特色社会主义先行示范区建设，前海发展的政策体系、政策环境不断成熟完善，覆盖领域逐渐增多。

三是 2021 年以来，中共中央、国务院印发实施《前海方案》，前海合作区实现"扩区"，创新发展能级全面提升。截至目前，前海累计推出制度创新成果 835 项，其中 88 项在全国复制推广。在历经"初创—完善—加速"三个发展阶段后，前海形成了"多层次、全覆盖"的先行先试政策体系。

"多层次"指的是从国家层面、广东省层面、深圳市层面再到前海自身政策叠加，纵向跨越多个层级。国家层面，国务院发布前海"先行先试 22 条"，明确前海建设上升到国家战略层面。国家发改委印发《深圳前海深港现代服务业合作区产业准入目录》，引导前海产业发展。省政府层面，广东省人民政府先后 4 次向前海下放省级管理权限一百余项，赋予前海改革开放更大自主权。深圳市层面，深圳市委、市政府多次印发支持前海的政策举措。前海层面，通过商事制度改革、外资准入体制改革、营商环境改革等,激发企业创业活力。围绕现代服务业发展建立起来的多层次政策体系已初具规模。

"全覆盖"指的是政策辐射领域广阔,覆盖物流业、信息业、法律、人才、财税、生态、知识产权等多个领域,逐步构建起多层次产业政策体系,包含企业所得税优惠政策、境外高端人才和紧缺人才个人所得税财政补贴政策,总部政策、人才支持政策、租金补贴政策,是金融、现代物流、科技、文创、信息、法律专服等专项扶持政策,以及促进外贸、外资增长、产业用地用房、人才住房、商业补贴、综合试点、医疗教育等相关政策。近些年来,前海聚焦人工智能、金融科技、生物科技、数字经济、知识产权等新兴前沿产业,不断探索政策创新的新边界。

三 三份纲领性文件

2010 年 8 月 26 日,《前海总规》得到国务院正式批复,规划期至 2020 年,确立前海建设现代服务业示范区的发展目标。2021 年 9 月 6 日,中共中央、国务院印发《前海方案》,前海合作区的发展迎来新契机。2023 年 12 月,新版《前海总规》正式发布。《前海总规》和《前海方案》是指导前海开发开放取得重要阶段性成果以及指明前海未来发展方向的纲领性文件,是中央筹划改革开放大局的关键"落笔"。

2010 年版《前海总规》是前海政策体系的"根",是指导前海合作区发展的第一份纲领性文件,出台于改革开放 30 年后原有"前店后厂"模式后劲不足、急需转变发展模式、破解发展难题进而将香港融入国家发展大局的背景之下。其前瞻意义在于深刻阐述了新形势下深化深港合作、实现改革开放再出发的战略目标，指明了前海建设发展的方向，强调了党和国家在前海合作区建设中的领导地位。《前海方案》是前海发展的"放大器"，是加速前海发展的强大引擎，是在前海初步建立了高端引领、集约发展、辐射示范的现代服务业体系的背景下，进一步释放前海发展潜能的重要指导文件。"双区驱动"（粤港澳大湾区、中国特色社会主义先行示范区）驱动、"双改示范"（全面深化前海合作区改革开放、深圳综合授权改革）叠加的特殊背景，让前海有了更为详细的改革开放线路图，不仅实现了"物理扩区"，更实现了"政策扩区"，前海先行先试政策的施展空间变得更为广阔。

首版《前海总规》以深港现代服务业合作为主线，以"四个定位"为目标构建前海政策体系。第一，建设现代服务业体制机制创新区。创新改革管理体制，探索法定机构建设；健全人才聚集机制及配套措施，营造优良的人才环境；以完善法治建设、营造规范高效的政府服务环境、先行先试的财税支持政策（如15%的企业所得税政策）为手段，营造高吸引力的产业发展环境。第二，建设现代服务业发展集聚区。对接国际规则，完善市场准入机制和创新政策、制度，打造区域生产组织中枢和国际供应链管理中心；深化深港海空港紧密合作，积极发展港口航运配套服务；"三网融合"先行先试，发展信息服务业。

第三,建设香港与内地紧密合作的先导区。依托《内地与香港关于建立更紧密经贸关系的安排》(CEPA)合作框架,以跨境人民币业务为重点推动深港金融创新合作;支持金融机构入驻,稳步推动深港资本市场规则对接及保险领域项目创新先行先试;拓宽港人入深渠道,加强深港社会保障服务衔接。第四,建设粤港澳大湾区产业升级的引领区。加强基础设施建设,构建以穗莞深城际轨道线为代表的珠三角地区联络交通网络;优先发展科技创新服务,深化深港科技合作,迎合粤港澳大湾区现代服务业发展需求;借鉴国际通行做法,积极探索口岸政策和制度创新,建设全球性物流中心。

《前海总规》具有战略性和全局性、国际性和开放性、先行性和创新性、合作性和先导性的突出特点。第一,战略性和全局性。将国家发展大局与粤港澳大湾区建设有机结合。以点带面,以前海之"小棋局"助力全国发展"大格局"。以前海为载体,深化粤港澳合作,加速大湾区市场一体化进程。通过前海辐射深圳,打造深港合作平台对接国际,加速国际化进程。第二,国际性和开放性。借鉴香港和国际先进经验,以构建世界级的现代服务业发展环境为目标,建设国家对外开放的试验示范窗口。第三,先进性和创新性。立足深圳经济特区特殊定位,发挥特区引领作用,积极推进 CEPA 落地、金融创新、基础设施建设、税制改革四个方面先行先试,以"七个创新"(法律环境、发展管理体制机制、政府服务、开发管理模式、海关特区监管区域政策制度、深港口岸监管模式、探索深港财政资金和海关支持创新服务）的新模式形成前海发展独特优势，打造现代服务业发展示范区。第四，合作性和先导性。香港与内地合作，不断探索深港合作的领域、形式和模式，加强公共管理服务领域的合作，借鉴港澳办事规则及运行机制，同时加强与其他先进城市的交流，实现国际国内双向拓展。

相比之下，《前海方案》集中在两个方面：打造全面深化改革创新试验平台和建设高水平对外开放门户枢纽。具体来看，第一，打造全面深化改革创新试验平台。围绕现代服务业创新发展、科技发展体制机制改革创新、营商环境建设、合作区治理模式创新等重点领域，赋予前海合作区更多更大的改革创新试点任务，推动前海合作区持续巩固改革开放优势、强化示范引领作用。第二，打造高水平对外开放门户枢纽。充分发挥"一国两制"制度优势，以深入推进前海合作区与香港的制度规则衔接和现代服务业合作为切入点，促进香港国际金融、航运、贸易中心功能向内地延伸拓展，为香港打造更具竞争力的国际大都会提供腹地支撑，促进前海联动港澳提升国际化水平，持续保持国际合作和竞争新优势。

《前海方案》具有六个方面的鲜明特点。第一，区域面积更大。将蛇口及大小南山片区、会展新城及海洋新城片区、机场及周边片区、宝安中心区及大铲湾片区纳入合作区范围，前海合作区面积由 14.92 平方千米扩展至 120.56 平方千米，面积是原来的 8 倍，发展空间得到巨大扩张。第二，开放程度更高。提升港澳贸易自由化程度，扩张对港澳开放服务领域区间，深化医疗、教育、文化等领域规则衔接；加大金融业开放力度，联通港澳跨境金融先行先试，银行账户改革试点，探索跨境贸易、国际支付清算新机制；进一步提升法律事务对外水平，建设国际法律服务中心和国际商事争议解决中心，深化粤港澳法律规则衔接，加强民商事司法、联营律师事务所、前海法院涉外功能，引进境外知名仲裁机构，探索国际投资仲裁、调解机制；提升国际合作参与度，健全海外投资保障机制，扩大文化领域对外开放。第三，体制机制更新。推进法定机构体制机制创新，探索行政区和经济区适度分离下的管理体制，加大放权力度；加速科技发展体制机制创新，聚焦港澳优势领域，推动境内外创新链、规则制度联通。第四，先行先试空间更大。加速推动建设国有资本运营公司试点、本外币合一银行账户试点，拓展科技、金融、人才等领域体制机制创新范围。第五，产业发展潜力更大。深港合作与自贸试验区优惠政策叠加，促进产业以及城市配套设施和体系的发展。第六，支持保障措施更优。组织实施机制更加完善，借助粤港澳大湾区建设领导小组及国家发改委等部门的支撑，广东省、深圳市加大放权力度，强力保障政策方案的落实。

在此基础上，2023 年 12 月国务院又批复了全新的《前海深港现代服务业合作区总体发展规划》，明确了全新的四大战略定位、发展目标以及重点任务。新版《前海总规》再次强调，开发建设前海是支持香港经济社会发展、提升粤港澳合作水平、构建对外开放新格局的重要举措，将进一步拓展香港发展空间作为编制规划的目的。强调前海要聚焦现代服务业这一香港优势领域，加快推进与港澳规则衔接、机制对接，进一步丰富协同协调发展模式，探索完善管理体制机制，在深化深港合作、支持香港经济社会发展、高水平参与国际竞争合作方面发挥更大作用。在战略定位上，新增了"深港深度融合发展引领区"为四大定位之一；在"现代服务业高质量发展高地"的战略定位中，强调携手香港推动现代服务业蓬勃发展。在产业发展上，2023年版《前海总规》专章明确"联动港澳打造优质高效的现代服务业新体系"。同时，还对面向国际建设高品质生活圈、创新机制探索区域治理新模式等问题进行了部署。

两版《前海总规》以及《前海方案》都是前海开发开放取得重要阶段性成果的体现，进一步夯实了"前海模式"的"四梁八柱"，共同构建起全面深化改革开放、丰富"一国两制"事业发展新实践的制度体系。

◈ 第二节　三方互动的法定机构治理政策

▇ 一　法定机构的由来　〈〉〈〉〈〉

法定机构在不同的国家和地区有不同的名称。英国的执行机构、美国的独立机构、新加坡的法定机构和日本的独立行政法人皆是法定机构在不同社会背景下的本土化体现。法定机构概念的使用最早起源于英国，而后不断发展完善。在国外，依托法定机构提供公共服务已成普遍做法，但国内法定机构发展尚未形成体系，仍处于试验阶段。一般认为，法定机构是指依据特定的法律、法规或规章设立，依法承担公共事务管理职能或公共服务职能，不列入行政机关序列，具有独立法人地位的公共机构。法定机构是政府为履行专项公共管理或公共服务职能而设立的非部门性、半独立性的公共组织，可以将其理解为根据专门的法律、法令或法规设立的公共管理机构。

法定机构对中国新时代体制机制创新、行政管理体制改革有着重要的借鉴意义。自"新公共管理运动"以来，经过一系列改革和实践，英、美、新、日等国家都建立起较为成熟的法定机构，有力地促进了经济发展和公共服务质量提升。随着中国社会经济的发展以及公民对于公共服务需求的增加，传统的政府架构和政府职能难以满足新形势的要求。在国家治理体系和治理能力现代化背景下，加速培育精干、灵活、高效的法定机构是一个重要的试点。

香港在20世纪80年代设立法定机构（又称法定公共机构），以公共部门改革为起点，至今香港已有300多家法定机构，布局十分广泛，囊括了廉政公署、贸易发展局、医院管理局、旅游发展局等诸多部门。香港法定机构实现的功能也很多，承载了规管、上诉、咨询、维权、仲裁、行业推广等多种职能。将公共管理事务交由法定机构负责，实现了"掌舵"与"划桨"的有效分离。深圳在法定机构改革方面最早做出尝试。2011年7月，深圳市五届人大常委会第九次会议行使特区立法权，表决通过《深圳经济特区前海深港现代服务业合作区条例》，被外界称为"前海基本法"。"前海基本法"确定了前海管理局法定机构的定位和职责，使得前海管理局成为真正意义上的法定机构。深圳市政府随后颁布《深圳市前海深港现代服务业合作区管理局暂行办法》和《深圳市前海湾保税港区管理暂行办法》，进一步明确前海管理局的职责和权限，指导其具体运作，构建起"充分授权、封闭运作、有效监督"的体制机制。前海管理局的"身份"与职责随着机制的完善不断丰富。此后，法定机构运行模式先后在广州、珠海试点。2015年，青岛市在蓝色硅谷核心区建立了长江以北首个法定机构——青岛蓝色硅谷核心区管理局。上海市陆家嘴金融城发展局和外滩外资金融发展促进会，以及安徽省江淮大数据中心皆是以规范性文件的形式创设的法定机构。

二 前海管理局发展历程

2010年2月，深圳市前海深港现代服务业合作区管理局（简称"前海管理局"）成立，是全国第一家区域治理型法定机构，最初设立时充满筚路蓝缕、砥砺前行的集体记忆。时任前海管理局负责人在回忆前海建设时指出，中央已在酝酿开发建设前海地区，在如同"一张白纸"的基础上搞建设、搞招商，社会各界既有期待，也有质疑。如何让概念变为现实，这一问题让初期前海建设参与者们倍感压力。前海管理局的成立也没有任何"参考标准"，必须"摸着石头过河"。在高度关注、极高要求、极重任务的环境下，如何设立一个灵活、专业、高效的机构来承载这些任务，在机构设置上走出"敢于吃螃蟹"的第一步？

学习香港的治理经验成为当时的重要选择。前海管理局是在借鉴4家香港的法定机构（分别为香港科技公司、西九文化区管理局、贸易发展局、市区重建局）及新加坡法定机构运行模式的基础上成立的。不同于其他政府部门，前海管理局创新性设立为行政管理和履行公共服务职责的政府法定机构。它既履行一部分政府职能，又采取市场化、企业化相对灵活的运营模式，能更好地服务企业、服务社会，成为后续前海超常规、高速度发展的最大优势。

三 前海管理局的特点

依法设立。前海管理局的成立获得了国家层面的支持。"前海基本法"制定时有两大政策依据，一是2010年《国务院关于〈前海深港现代服务业合作区总体发展规划〉的批复》，指示深圳要"积极探索促进现代服务业发展的体制机制"；二是2010年《国家发展改革委关于印发〈前海深港现代服务业合作区总体发展规划〉的通知》，要求深圳要"按照精简高效、机制灵活的原则成立管理机构，探索完善法定机构运作模式"。传统法定机构的治理模式是"一法一机构"，前海管理局在借鉴中国香港和新加坡等地的经验的基础上进行了"本土化改良"。前海管理局依据前海"一办法两条例"及深圳市政府出台的有关规章运作，依法履行前海深港合作区与前海蛇口自贸片区的开发建设、运营管理、产业发展、法治建设、社会建设等职责。

独立运作。前海管理局可以自主决定机构设置、人员聘用、薪酬标准等，具备法定机构的独立性特征。管理局一改以往统筹招聘的模式，处长及以下的干部都由局里自主招选。职员采用授薪员额制，被聘用人员与单位直接签订聘用合同，以独立灵活的绩效制度激发员工工作活力。此外，前海管理局在非金融类产业项目的审批管理领域，获国家授权行使计划单列市的管理权限，具有较大的自主性。

多方共治。形成以法定机构为主导的"政府职能＋前海法定机构＋蛇口企业机构＋咨委会"的"小政府、大社会"市场化治理新格局。一是前海管理局作为法定机构由深圳市人民政府领导，集开发建设、运营管理和公共服务等职能于一体，实行企业化管理、市场化运作，但不以营利为目的。深圳市委、市政府成立前海开发建设领导小组，建立起"科学决策、高效执行、分工协作"的运行模式，支撑法定机构行稳致远。二是下辖4家全资控股公司（前海建设投资控股集团有限公司、前海金融控股有限公司、前海产业发展集团有限公司、前海科技创新集团有限公司），分别作为从事基础设施开发、参与金融业务投资以及提供物业管理、商务服务等公共服务的实体，在实现公共职能的同时完成了市场开拓与"自我造血"。此外，前海管理局在机构设置、薪酬制度、考核机制等方面充分借鉴现代企业的管理经验，以问题和结果为导向，建立轻型化、扁平化、国际化的组织形式，为市场和企业提供优质高效的服务。三是设立前海合作区咨询委员会，委员实行聘任制，从内地和香港等地相关领域的社会专家中聘任，为合作区开发建设重大决策提供咨询意见和参考建议。

设立十余年来，前海合作区的决策、执行、监督、咨询等职能日益完善，法定机构承载区域治理职能的体制机制逐步健全。2015年，前海管理局加挂"中国（广东）自由贸易试验区深圳前海蛇口片区管理委员会"（简称"前海蛇口自贸片区管委会"）牌子；2018年，中共深圳市委批复成立中共深圳市前海深港现代服务业合作区工作委员会（简称"前海合作区党工委"），作为中共深圳市委的派出机构，明确与前海管理局一体化运作。

 ## 第三节　先行先试的现代服务业发展政策

服务业发展水平是衡量现代经济发达程度的重要指标，在现代国民经济体系和国际合作竞争中的地位日益凸显。发展现代服务业有利于加快粤港澳经济融合，有利于发挥两个市场、两种机制的优势，是中国提高开放型经济水平、加快转变经济发展方式的内在要求和有效途径。从《前海总规》到《前海方案》，前海的现代服务业有了长足发展，前海政策创新的范围也覆盖了金融、贸易、投资、人才等诸多领域。

一 加快改革创新的金融政策

如果说服务业是衡量一国经济发达程度的重要指标，那么金融业无疑是衡量一国现代服务业发展水平的核心指标。金融被视为实体经济的"血液"，在现代经济体系中发挥着至关重要的作用。如果没有现代化的金融体系的支持，一个国家很难实现可持续发展，实现现代化的宏伟目标也无从谈起。现代金融体系的功能可以直观地理解为分配资源的手段、加快发展的杠杆以及分散风险的工具。

首先，分配资源是现代金融体系最重要、最能体现其本质的属性。因为从货币诞生的那一刻起，其流转和融通（即通常意义上的"金融"）就和特定的生产或消费资源（可以用货币的购买力衡量）的分配相挂钩。对生产者而言，要么持有货币，要么具有融得货币的能力（即信用），才能够进行生产和经营活动；对消费者而言也同样如此。发达的金融体系能够让有限的资源流向利润率最高的部门，让企业家创造国民财富的过程更加顺畅、成本更加低廉，让消费者能够跨越时空的限制转移自己的购买力——通过储蓄和贷款机制推迟或提前消费，从而改善个人福利状况。由于金融在资源配置方面具有如此重要的作用，其由此也成为政府进行宏观经济管理的重要工具，如后发国家常常通过高估或者低估本国的汇率来实行进口替代战略或者出口导向发展战略。

其次，无论是对一个国家还是对企业或个人而言，金融都是加快发展的重要杠杆。在金融业界，人们常常把增加负债率称作"加杠杆"，而把降低负债率称作"去杠杆"。杠杆一词传神地描绘了金融的重要作用。对于广大发展中国家而言，经济发展常受制于落后的基础设施状况，而基础设施投资需要大量的资金投入，其往往是以经济增长和政府财政状况的改善为先决条件的。这似乎成为了一个"死循环"。针对这种情况，世界银行在成立之初便设计了发展融资项目，向发展中国家提供低息甚至无息的中长期贷款，旨在打破后者面临的发展困局。这对于广大发展中国家来说，无疑是极为重要的。2015 年，在中国的倡议下，亚洲基础设施投资银行（AIIB）成立，这是首家在发展中国家主导下成立的国际发展融资平台，对于改善国际发展融资机制具有重大意义。另一个金融发挥杠杆作用的典型例子便是创业融资。初创企业如果没有金融杠杆支持，很难实现高速成长。创业融资既可以是股权融资，也可以是债权融资，不同的融资安排对应着不同的风险和回报率，但宗旨都是借助金融杠杆实现投资方和创业方的共赢。

最后，现代金融体系的另一个重要功能在于分散风险，降低交易成本，为经济发展提供确定性。经济学理论研究的前提之一是"理性经济人"假定，即经济活动的主体都是趋利避害的，追求风险的最小化和收益的最大化。如何控制风险，降低交易面临的不确定性，是所有从事经济活动的市场主体面临的共同挑战。出口商希望本币汇率维持稳定，因为本币升值将抬高其产品的国外价格从而削弱其竞争力；商业银行希望行业景气持续上行，使获得贷款的企业能够正常经营并按时还款；居民个人希望能够在面临失业、疾病等重大冲击时，收入依然有一定的保障等。现代金融体系的风险分散功能主要通过几个机制发挥作用。一是分散投资，即所谓的"不要把鸡蛋放在同一个篮子里"。如果金融市场的规模足够大、可供选择的投资产品足够多、不同种类金融产品之间的相关性足够低，那么理论上分散投资能够在相当程度上规避投资风险。二是金融创新，即通过设计不同类型的金融产品，利用人们对未来预期的差异性，设计对冲交易机制，从而达到转移风险的目的。例如，出口商可以通过参与汇率的远期、期货或期权交易以规避汇率风险；银行可以购买信用违约互换（CDS）合约，从而在面临违约风险时降低损失。金融创新是最能够体现一国金融综合实力的指标，我们常说美国拥有全球最为发达的金融业，一个重要原因就是华尔街具有强大的金融创新能力。三是保险机制，保险是利用大数定律实现风险分散的重要渠道，对于这一点人们已经有非常直观的感性认识。当然，风险分散功能是相对的，风险能够被转移却无法被消灭；风险分散交易机制既可以被用来避险，也可以被用来进行投机交易。因此，金融业的健康发展需要审慎的金融监管，并消除系统性金融风险的冲击。

既然金融业被视为最具标志性意义的现代服务业，那么我们应当如何使用"新三大法宝"来推动金融服务业的高质量发展、助力中国式现代化的实现呢？简言之，就是通过高质量的金融政策供给，加快金融领域的改革、开放、创新。

金融改革的目标是什么？解决金融服务实体经济的痛点、堵点和漏点——让高成长性的企业获得宝贵的金融资源，发挥金融支持实体经济、推动经济结构转型升级的作用；降低市场主体获得金融服务的成本，提高金融发展的惠及性；杜绝金融空转现象，抑制金融风险；等等。

如何推动金融开放？中国作为全球第二大经济体和第一贸易大国，其金融体系应当具备高度的开放性和包容性，即在全球范围内发挥分配资源的手段、加快发展的杠杆以及分散风险的工具这三大功能。金融业是高度依赖制度环境的现代服务业，制度质量是金融业发展的命脉。而金融开放的本质就是国内外金融规则的对接融合，是制度型开放的题中应有之义。

如何开展金融创新？创新是推动金融业高质量发展的原动力。金融创新既包括金融制度的变革和金融产品的创造，也包含新技术的研发和应用。尤其是近年来全球数字技术创新不断加速，金融科技的应用掀起了一轮热潮，传统金融体系面临着数字化转型的机遇和挑战。如何在新一轮全球金融科技创新的竞争中拔得头筹，成为各国普遍关注的问题，主要国家之间在数字货币、普惠金融等领域的创新竞争日益激烈。

从以上三个方面来看，中国亟须通过高质量的金融政策供给，推进金融领域的改革、开放和创新。然而，众多发展中国家的实践证明，金融领域的变革充满风险和挑战，"休克疗法"式的金融自由化将带来灾难性后果。做好金融改革的试点工作至关重要。从这个意义上说，前海依托金融业高度发达的香港，是诸多高质量金融政策落地的"试验田"，在加快中国金融领域的改革、开放、创新进程中能够发挥重要的作用。

2010年版《前海总规》中强调"加快金融业发展"，在金融监管得到保障的前提下，按照开放合作原则，在CEPA框架下，推进深港金融合作，降低准入门槛，支持前海在金融改革创新、保险改革创新方面先行先试，推动以跨境人民币业务为重点的金融创新合作。这构成了前海金融政策的基本框架，为深港金融合作指出了先行先试的方向，描摹出了国家金融对外开放示范窗口的雏形。

一系列政策、条例以及规定支持前海在金融领域先行先试，充分发挥示范引领作用。2012年，国务院发布"前海22条"，其中金融创新方面着墨最多，集中于跨境人民币业务和深港金融合作两个维度。2014年，当时的金融监管部门"一行三会"先后批复前海32条金融创新政策，是继"前海22条"实施后的又一政策突破，大大拓宽了深港合作空间。

2021年，中共中央、国务院发布的《前海方案》为前海金融领域开发开放指明新方向。《前海方案》要求前海合作区持续巩固改革开放优势、强化示范引领作用，支持前海扩大金融业对外开放并对金融发展提出进一步要求。2022年9月2日，深圳市前海深港现代服务业合作区管理局和香港特别行政区政府财经事务及库务局联合发布《关于支持前海深港风投创投联动发展的18条措施》，是深港首次以联合公告的形式发布措施，标志着双方建立常态化交流合作机制。2023年2月23日，中国人民银行、中国银行保险监督管理委员会、中国证券监督管理委员会、国家外汇管理局、广东省人民政府联合发布《关于金融支持前海深港现代服务业合作区全面深化改革开放的意见》（简称"前海金融30条"），围绕民生金融、金融市场互联互通、现代金融产业发展、促进跨境贸易和投融资便利化、加强金融监管合作等方面推出一系列深港合作政策，推动实现更高水平的资本项目开放，促进深港两地之间金融服务业的开放与联通。除了进一步发挥香港国际金融中心的作用，还有助于对接国际金融领域规则体系，打造市场化、法治化、国际化的金融环境，为内地金融业扩大开放起到示范引领作用。

二 以"双15%"为标志的税收政策

税收政策对于现代服务业的发展至关重要。与农业和工业不同的是，服务业尤其是高端服务业大都是资本密集型和人才密集型产业，对于土地、资源等传统生产要素的依赖相对较低。因此，税率往往成为能否吸纳服务业企业聚集的重要因素。例如，微软等全球知名的高科技企业往往都将总部注册在"税收洼地"以节约纳税成本。对中国而言，税收政策对于发展现代服务业具有十分重要的意义。

前海的税收政策源起于2010年版《前海总规》中加大"财税支持政策"力度的规定。"先行先试22条"明确了"在国家税制改革框架下，支持前海在探索现代服务业税收体制改革中发挥先行先试作用"，"在制定产业准入目录及优惠目录的基础上，对前海符合条件的企业减按 15% 的税率征收企业所得税"。这一政策涵盖的企业范围随后延伸至鼓励类产业企业（包括现代物流业、信息服务业、科技服务业和文化创意产业）。2021年 5 月，为支持前海合作区企业发展，财政部、国家税务总局将前海合作区企业所得税优惠政策再延续五年，优惠目录新增"商业服务业"，主营业务收入占比由 70% 下调至 60%，进一步加大税收政策普及面及支持力度。

不仅如此，前海在个人所得税政策领域也有建树。"前海22 条"中规定"对在前海工作、符合前海规划产业发展需要的境外高端人才和紧缺人才，取得的暂由深圳市人民政府按内地与境外个人所得税负差额给予的补贴，免征个人所得税"。2014年 1 月，财政部、国家税务总局印发《关于深圳前海深港现代服务业合作区个人所得税优惠政策的通知》，对经认定的境外高端人才和紧缺人才按其在前海缴纳的个人所得税已纳税额超过应纳税所得额的 15% 部分给予财政补贴，该补贴免征个人所得税。2019 年 2 月 20 日，前海管理局和深圳市财政委员会将人才范围界定为"在前海工作、符合前海规划产业发展需要的境外高端人才和紧缺人才"，补贴部分仍为个人所得税已纳税额超过应纳税所得额的 15% 部分，税收差额部分由深圳市人民政府给予财政补贴。2024 年 4 月 18 日，前海管理局对外宣布，在前海工作的香港居民，个人所得税税负超过香港税负的部分将直接予以免征，而不再"先征后补"，并且将 15% 企业所得税优惠政策从原先前海合作区"三湾片区"扩展到合作区全域。

境外高端人才和紧缺人才个人所得税财政补贴是前海"双15%"核心优惠政策之一，为促进境外高端紧缺人才集聚、提升前海企业对于国际人才的吸引力、探索新一轮税制改革的方向发挥了重要作用。

三　促进投资便利化的投资政策

20世纪90年代和21世纪初的十年，经济全球化进程持续加速，中国经济实现快速崛起。从这个意义上说，中国是经济全球化的受益方，也是经济全球化的支持者和推动方。经济全球化的本质是生产要素在全球范围内相对自由地流动，企业追逐成本洼地，投资者寻求利润高地。因此，贸易和投资的便利化是全球化的重要表现形式，而投资的便利化更是衡量一国在多大程度上融入全球经济的重要指标。回顾中国改革开放的四十多年历程，我们在贸易的自由化、便利化方面作了大量卓有成效的工作，成绩和效果都是十分显著的。但相对而言，投资便利化方面，我们将主要的精力放在了吸引外商直接投资，因为直接投资不仅能够直接转化为经济增长的成果（即GDP的增长），还能够在就业、税收、制度环境的改善以及科技创新能力的提升等方面产生广泛的外溢效应，但在金融投资的便利化方面，中国还有比较长的一段路要走。总体上看，与美、欧发达经济体相比，中国的投资便利化程度还有比较大的提升空间。

应当看到，一方面长期以来的招商引资政策面临着升级转型问题。对于直接投资而言，中国既是全球最重要的直接投资目标国之一，也是直接投资的来源国。即中国在吸引外商直接投资流入的同时，也面临着巨大的对外投资需求。但受限于国有企业投资的市场主体地位等问题，中国企业的对外直接投资之路并不平坦，屡屡遭受投资目标国的安全审查。中国与主要发达经济体之间的双边投资协定（BIT）迟迟难以取得实质性进展，中美双边投资协定已经搁置多年，中欧双边投资协定虽然已经完成了文本谈判，但在 2021 年被欧洲议会投票搁置。这体现出了中国在投资领域实现双向开放之艰难。另一方面，与直接投资相比，金融投资的开放（便利化）涉及面广、影响大，尤其是对发展中国家的经济金融安全可能带来复杂的影响。这涉及资本与金融账户的开放、金融安全网的构建等诸多问题。如果推进的时机或者节奏把握不好，可能会导致较为严重的危机。纵观 20 世纪 90 年代以来发展中经济体的历次金融动荡，都不同程度反映出国际资本流动冲击本国金融体系稳定这一问题。中国金融当局在金融投资便利化方面持稳慎态度，也有维护金融安全与稳定的考虑。随着中国经济总量的持续增长，金融市场的逐步开放和金融投资的便利化，是中国金融改革绕不过去的一道坎。在中国金融高质量发展的前路上，探索金融投资的便利化是改革、开放、创新的"必答题"，在这方面前海进行了总体的政策设计与布局。

从 2010 年版《前海总规》中"按照有关外商直接投资管理原则，开展外商投资企业的外方股东以人民币跨境直接投资试点。积极探索在深圳设立的证券公司、基金管理公司在香港的分支机构开展境内证券投资业务"到"先行先试 22 条"中"支持设立前海股权投资母基金。支持包括香港在内的外资股权投资基金在前海创新发展，积极探索外资股权投资企业在资本金结汇、投资、基金管理等方面的新模式"，再到 2020 年修订《深圳经济特区前海深港现代服务业合作区条例》，前海合作区投资政策逐步完善。行政审批服务、深港公共机构合作、高端服务业引进、税收环境改善、职业资格认证、口岸互通、智慧城市建设、跨境电子签名认证等方面的具体配套政策都有新进展。此外，投资者合法权益保护机制也逐步完善。2023 年 10 月 31 日，深圳市七届人大常委会第二十一次会议审议通过《深圳经济特区前海深港现代服务业合作区投资者保护条例》。这是全国首部区域性投资者保护立法，在"投资便利、权益保障、优化监督、法治保障"等方面推出多项创新性举措，进一步增强了国内外企业投资前海的信心。

《前海方案》进一步促进投资便利化，要求前海建设跨境贸易大数据平台，推动境内外口岸数据互联、单证互认、监管互助互认。2021 年 12 月，海关总署进一步明确加快跨境贸易大数据平台在深圳试点建设。前海依托国际贸易"单一窗口"，建成跨境贸易大数据平台，首批上线四个场景，链接进出口企业、机场、港口等跨境贸易重要参与方，报关行、船代、理货等供应链服务商，以及银行、保险等金融机构，推动形成跨境贸易服务生态系统。该平台是海关总署在全国首次批复、唯一授权的跨境贸易数据平台地方试点。通过践行"智慧海关、智能边境、智享联通"理念，大幅提升口岸通关效率，提升监管水平，打造了全新的跨境贸易服务生态系统。

四 打造全要素服务体系的人才政策

人才不仅是一个国家发展战略中重要的一部分，各国之间以及国内各地区之间的人才竞争都日趋激烈。对区域经济而言，人才也是破解发展瓶颈和提升城市竞争力的核心要素。对于旨在通过发展现代服务业实现产业转型升级的地区而言，人才政策设计及人才要素聚集，显得尤为重要。

从国内层面来看，近年来，国内各地区的"抢人"浪潮此起彼伏，地方政府之间的竞争也出现了新的态势，即由"为增长而竞争"向"为人才而竞争"转变。据不完全统计，截至2023年年底，全国有200多个地级及以上城市发布了人才新政。新政内容则大同小异，主要包括开放户籍、创业创新资助、购房及安家补贴。而人才新政的主要目的也不外乎是进行"产业转型升级"和透过人口聚集确立"城市整体活力"。尽管地方政府一般较为缺乏有效的办法来竞争国际人才，而是聚焦国内人才的竞争，但这种竞争也反映出了中国人才政策的很多问题。一是政策设计的碎片化，二是政策内容的同质化，三是政策创新的浅表化。

第一个问题是政策设计的碎片化，主要是指人才政策方案设计的零散状态。也就是说，本应统一、完整、协调的政策目标、内容或过程被孤立、分割或分散化，以至于出现政策方案相互独立甚至是相互冲突。从人才开放过程的视角看，具体包括以下三个方面。一是不同人才开发环节政策设计的"片段化"。人才政策内容涵盖引才、育才、用才、留才等多个环节，要实现"设计完备"的政策制定目标，就必须围绕不同开发环节，形成上下衔接、左右贯通的"政策链条"。但从现实情况来看，目前各地"人才新政"内容主要集中在引才政策上，涉及育才、用才、留才等环节的政策不多，即使一些地方的"人才新政"有一些非引才环节的政策安排，这些不同环节的政策条款之间往往缺乏逻辑性、联动性，很难呈现"闭环管理"的系统效应。二是不同部门政策设计的"碎片化"。主要表现在不同部门之间形成的政策条款很难形成有机的内在逻辑，有时候甚至会出现政策相冲突的现象。因此，有些地方的"人才新政"虽然是一个涵盖多个领域新政策的"政策集"，但其往往只是"政策集中"而不是"政策集成"，很难形成一个具有乘数效应的有机整体。三是不同行政层级政策设计的"碎片化"。在一定的行政区域内，有些地方的上级政策对下级政策的指导性、约束性不强，上下级的人才政策之间要么区别不大、要么关联度不强，无法形成分层负责、各司其职、上下协同的系统合力。

第二个问题是政策内容的同质化，主要是指人才政策的目标、主体、客体、工具等相互模仿，导致政策逐渐趋同。这个问题主要涉及以下两个方面的内容。第一是政策目标的同质化。各个城市的人才政策聚焦的群体基本上都集中在高层次创新创业人才和青年人才两类。同时针对目标人才群体的评价也基本上是参考国家级"引才计划"，包括学历、职称、年龄、国外学习或从业经历等。甚至有的地方连产业指向都是一样的，主要关注电子信息、生命健康、节能环保、新材料等产业。第二就是政策工具的同质化。整体上来说，人才政策都试图围绕物质激励和服务优化来进行对标竞争。常见的工具主要有三种：人才创新创业发展型政策、人才安居生活的保障型政策以及提升人才归属感的荣誉型政策。

第三个问题是政策创新的浅表化。浅表化指的是人才政策的创新只触及浅层次的技术性调整，而并未转变根本性的体制机制阻碍。这个问题主要涉及以下两个方面的内容。一是政策创新深度有限。深度的局限性主要表现在很多政策都主要是实施"优惠政策"，并没有在政策理念、结构和工具上发生根本性变化，简单来说就只是数量化"政策力度"的提升。二是创新广度有限。人才政策创新大都由地方党委政府推动，对行政动员和行政资源的依赖较为严重，改革的着力点主要集中在政府层面，涉及市场、社会层面的创新相对较少。在一定程度上，地方政府工作人员尤其是主要领导对人才工作的重视程度、认识深度，决定了各地"人才新政"的供新水平和效果。

如何在人才政策上有所突破，成为前海在推动现代服务业发展方面需要考虑的重要问题。2010年版《前海总规》提出加快"营造优良的人才环境"，这成为前海人才政策的起点。《前海总规》在建立健全相关机制、完善配套措施、加强深港人才培训交流、促进深港职业资格互认、优化工作生活环境、加大教育投入等方面给出政策方向，强调以高等院校、科研院所等为依托，加强生活、生产性学科建设，助力人才培养体系发展，为前海现代服务业合作区建设提供人才支撑。大体而言，前海的人才政策体系经历了"破土—萌芽—生长"三个阶段。

破土——前海人才政策初具规模。2012年，"前海22条"勾勒出了前海人才政策的基本框架。以建设前海深港人才特区、建立健全有利于现代服务业人才集聚的机制、营造便利的工作和生活环境为目标，在境外人才引进机制、执业资格互认、执业便利、就业生活环境、人才所得税补贴等方面给出优惠政策，为前海吸引人才创造良好政策环境。2012年10月，中央人才工作协调小组批复，同意将前海"粤港澳人才合作示范区"列为全国人才管理改革试验区，将前海深港人才特区建设上升到国家战略层面。2013年，广东省政府发布《广东省人民政府关于支持前海加快开发开放的若干意见》，进一步落实《前海总规》及"前海22条"，涵盖深港合作、粤港澳职业资格互认、人才特区建设等方面。至此，前海人才政策的框架基本构建完成。

萌芽——前海人才政策进入拓展阶段。2013—2016年，深圳市人民政府陆续出台《关于促进人才优先发展的若干措施》《前海外籍高层次人才居留管理暂行办法》等文件，在就业创业人才配套、各类人才出入境等方面提供一系列便利措施，前海人才政策向纵深发展。2014年，广东省自由贸易试验区获批建立，自贸试验区和人才特区"双区"政策叠加，为前海人才政策的扩张提供了良好契机。2016年8月，公安部专门出台了助力广东自贸试验区建设和创新驱动发展的 16 项出入境政策措施。

生长——前海人才政策在新阶段跑出新的发展"加速度"。为满足飞速发展的前海对各类人才的需求，近年来前海先后推出多项人才政策。2019 年 11 月，前海管理局印发《关于以全要素人才服务加快前海人才集聚发展的若干措施》，进一步完善人才政策，包括构建多层次人才政策支撑体系、推动建设粤港澳人才合作示范区、营造人才发展宜居宜业环境、开展国际人才管理制度创新四个领域，共计 20 条举措，具体如下：第一，加快深港博士后融合实践基地建设，通过人才贡献奖励政策等多重手段吸引海内外高层次人才、团队入驻前海。第二，深化深港合作，通过放宽港澳职业资格条件、支持港澳青年就业创业、建立专业服务业产业园等方式引进港澳人才。第三，优化医疗、教育、保险、法治条件，创造良好安居环境。第四，改革港澳公共服务体制机制，完善人才公共服务，实现人才集聚发展。20 条举措针对前海人才引进、培养、评价、使用、激励、保障等各个环节，覆盖出入境便利、执业从业、创新创业、合作交流、生活保障等各个领域，旨在打造高水平全要素人才服务体系，促进人才集聚前海创新发展。

2021 年《前海方案》发布后，人才政策有了新的发展态势。前海管理局发布新时代人才支持"八个办法"，支持总部企业、金融业、商贸物流业、科技型企业、新型研发机构、专业服务业机构、高端法律服务业、中国特色新型智库发展，奖励经营团队、企业员工、管理团队、智库专家等相关人员。2023 年 7 月 20 日，前海管理局发布支持港澳青年在前海就业创业的 12 条政策举措，为港澳青年在前海合作区就业、创业提供更多元的发展机会和更广阔的发展空间，增强港澳同胞对祖国的向心力，帮助港澳青年更好融入粤港澳大湾区和国家发展大局。

从《前海总规》到就业创业 12 条政策举措，从国家到广东省再到深圳市层面，前海人才政策体系的构建得到了各级政府的有力支撑，政策覆盖面逐渐拓宽、执行力度逐步加大，人才工作生活环境日益优化，人才吸引力大幅增强，粤港澳人才合作示范区、前海深港人才特区建设取得长足发展，迈入新阶段。

◆ 第四节　内外对接的司法政策

正如前文所指出的，中国式现代化包括三个重要的维度，一是物质层面的现代化，二是人的现代化，三是介于二者之间的制度层面的现代化。如果进一步对制度层面的现代化进行解析就不难发现，一个国家的法律体系和司法制度的现代化，是其制度现代化的重要组成部分。

法律制度的现代化肇始于资本主义时代。在封建时代，东西方司法体系的共同点是皇帝（君主）的意志即为国家意志的代表，司法体系以维护皇权统治为目标。西方进入资本主义时代以后，司法制度最大的变化在于实现了对封建王权的约束，这也正是英国"光荣革命"的可贵之处——即使国王借款，也需要得到议会的批准。这成为现代国债市场以及由此为基础的现代金融市场得以形成和发展的基石。从这个意义上说，现代意义上的司法制度是包括金融业在内的众多服务业得以产生和发展的制度保障。当然，法律本身所包含的公平、正义等普世的人文精神同样重要，对于这一点，众多的法律和社会学学者有着丰富的著述。

从经济学的视角看，现代司法制度的建立还有一层重要的现实意义，那就是降低市场主体的交易成本，从而最大程度上发挥自由市场经济的制度优势。交易成本是诺贝尔经济学奖得主罗纳德·科斯提出的一个重要概念，也是制度经济学理论的基石之一。交易成本一般泛指所有为促成交易发生而形成的成本，不同的交易往往就涉及不同种类的交易成本，例如搜寻成本、信息成本、议价成本、决策成本、监督交易进行的成本、违约成本等。在这一概念的基础上，经济学家们总结了被称为"科斯定理"的经济规律，即只要财产权是明确的，并且交易成本为零或者很小，那么无论在开始时将财产权赋予谁，市场均衡的最终结果都是有效率的，实现资源配置的帕累托最优。简单来说，自由市场经济有效的重要先决条件之一是市场主体的交易成本足够低。那么这与法律制度有什么关系呢？——法律制度的现代化程度，是决定市场交易成本高低的关键因素。这就是为什么，世界银行在全球范围内衡量营商环境的质量时，首先要考察的往往就是一国的法律环境。其中的原因是不言自明的，现代市场经济所尊崇的产权保护、政府与市场边界的明晰等重要的信条，最终都需要依靠法律工具加以执行；市场主体在面临纠纷时，也需要使用法律工具进行解决，法律制度的完备程度以及其运行的效率，在相当程度上决定了一国经济运行的交易成本的高低。从另一个角度来看，制度型开放是中国下一阶段推进开放战略的主基调，而不同司法制度的对接则是制度型开放这一题中应有之义，这是在全球市场中降低市场主体交易成本、改善营商环境的重要途径。

在构建内外对接的司法政策体系方面，前海也进行了积极的探索。前海目前拥有由最高人民法院第一巡回法庭、最高人民检察院、前海法院、前海检察院、深圳国际仲裁院等司法机构以及"一带一路"国家商事诉调对接中心等法律服务机构构成的全方位法律服务平台，为合作区境内外企业提供多元化法律服务，构建起立法、司法、执法三位一体的法律服务体系。

一　立法权的由来和立法机制

1992 年 7 月 1 日，七届全国人大常委会第二十六次会议表决通过了《关于授权深圳市人民代表大会及其常委会和深圳市人民政府分别制定法规和规章在深圳经济特区实施的决定》，标志着深圳特区从此拥有了立法权。2000 年《立法法》第 73 条规定，"省、自治区、直辖市和较大的市的人民政府，可以根据法律、行政法规和本省、自治区、直辖市的地方性法规，制定规章"，扩大了深圳市的立法权。2010 年 7 月 1 日起，深圳经济特区范围扩大，深圳市的特区立法权也扩展到深圳全市。

前海管理局一直坚持有法可依、依法办"事"，自成立以来便将法治环境的营造作为工作的重中之重，在立法、司法、执法、知识产权保护、法律服务等方面，勇于做第一个"吃螃蟹的人"，实现了内地法治建设的诸多突破。目前，以"前海基本法"即《深圳经济特区前海深港现代服务业合作区条例》为核心，前海发布了一系列推进合作区内现代服务产业发展、引进高层次人才、优化合作区内制度环境等相关的条例、办法、指引，形成了一套较为完善的规则体系。此外，前海积极借鉴香港法治先进经验，打造与香港相仿、相亲的法治化环境，争做深港法律规则衔接、机制对接的先行地和大陆法系与普通法系融合对接的策源地。

二 前海司法改革的依据

国务院对《前海总规》的批复是前海合作区司法改革的开端，为构建前前海合作区法治体制提供了方向性的指导，为前海法治建设先行先试提供了有力保障。"前海基本法"是前海管理局管理和运作的根本支撑，赋予了前海管理局作为法定机构构建合作区法治制度体系的参与权和决策权。

一系列意见和方案是前海司法改革的动力。2019年中央全面依法治国委员会印发的《关于支持深圳建设中国特色社会主义法治先行示范城市的意见》第八条规定："用足用好经济特区立法权，在遵循宪法和法律、行政法规基本原则前提下，允许深圳立足改革创新实践需要，根据授权对法律、行政法规、地方性法规作变通规定。"《前海方案》第十条规定："提升法律事务对外开放水平，在前海合作区内建设国际法律服务中心和国际商事争议解决中心，探索不同法系、跨境法律规则衔接。"《最高人民法院关于支持和保障全面深化前海深港现代服务业合作区改革开放的意见》提出了扩大域外法适用等 13 项重要政策，这是对《前海方案》的贯彻落实，对于打造前海中国特色社会主义法治建设示范区、推进港澳法律规则对接、高标准建设深港国际法务区、提升法律事务对外开放水平具有重要意义。

三　前海司法改革的政策体系

在立法体系方面，前海坚持"基础性立法、产业性规定、配套性制度"三管齐下。立法是法治化营商环境的引领和保障，前海形成了以"三条例两办法"[①]为基础的立法格局。在基础性立法格局的基础上，前海立足金融、现代物流、信息服务、科技服务等产业的特色政策进行创新，出台了现代服务业综合试点、外商投资管理、金融业扶持、境外高端人才扶持等 50 多项具有前海特色的产业扶持政策和规范指引，将基础性立法、产业性规定和配套性制度相结合，打造出"条例＋办法＋指引"

---

① 即《深圳经济特区前海深港现代服务业合作区条例》《深圳经济特区前海蛇口自由贸易试验片区条例》《深圳国际仲裁院条例》（深圳国际仲裁院设在前海），以及《深圳市前海深港现代服务业合作区管理局暂行办法》《深圳前海湾保税港区管理暂行办法》。

这一布局合理、层次分明的规则体系。

在司法体系方面，实现了前海可以适用香港法律的突破。

第一，基于深港合作区的特殊定位，前海积极加强与香港司法机构、香港律政司、香港高校的对接，借鉴香港先进法治理念对现有审判机制进行优化，着力推进"港区调解"与"港区陪审"制度，致力打造对接国际的商事审判体系。前海法院专门聘请来自不同专业领域的港籍陪审员和调解员，以便充分发挥专业优势和文化背景化解纠纷，尽可能减少制度理念和生活环境差异对司法公信力的影响，有效提升了国际区际司法公信力。

第二，前海建立国际商事争议解决中心。前海法院建成ADR（非诉讼纠纷解决方式）国际商事争议解决中心——适用域外法进行跨境商事纠纷调解，探索"域外调解员 + 内地调解员"协同调解模式，健全"一站式"国际商事纠纷多元解决平台，与国际知名商事仲裁、调解机构建立对接机制；聘任不同国家和地区、拥有多职业背景、多语言能力专业人士担任特邀调解员，构建高层次、多梯队的国际化商事争议解决队伍；建立多路径的国际商事纠纷解决方式，吸收国际先进非诉讼解决程序的经验，拓展替代性纠纷解决路径，建设全流程线上调解通道，破解跨境纠纷"空间壁垒"。

第三，构建独特的"法官 + 法律专家 + 香港地区陪审员"的域外法律查明与适用机制。前海法院立足集中管辖深圳全市第一审涉外涉港澳台商事案件（原则上应由基层法院管辖）的站位，构建了"立体化"域外法律查明模式，"体系化"域外法查明规则，"多维度"域外法查明保障机制。建立全国首个境外法律查明平台——蓝海现代法律服务发展中心（现称深圳市蓝海法律查明和商事调解中心），以政府支持、民间运营的形式承担搭建域外法律查明平台的任务，被最高人民法院确定为"港澳台和外国法律查明基地"。

第四，推动成立粤港澳联营律师事务所，打造"一国两制"下内地和港澳跨区域跨法域法治实践新模式。全国16家粤港澳合伙联营律师事务所中8家落户前海，吸引熟悉普通法的律师为港人港企提供便捷的域外法律服务。第一家粤港澳联营律师事务所华商林李黎所牵头搭建了"深港法律服务深度合作区"平台，由深港40多家法律专业机构签约共建。通过构建两地法律服务专业交流互鉴、人才培养和能力建设机制，提升处理跨境、跨业、跨法域法律事务和国际法律事务的能力，推动深港法律规则的深度衔接。

第五，率先推行中外联营律师事务所，探索跨境法律协同融合。前海蛇口自贸片区是目前广东省获准开展中国律师所与外国律师所联营试点的唯一地区，也是全国除上海、海南自贸试验区外第3个开展试点的地区。中国律师事务所与外国律师事务所联营试点进一步提升了前海法律事务对外开放水平，吸引了更多优秀的境外法律服务人才来粤工作，助推前海打造全面深化改革创新试验平台和高水平对外开放门户枢纽。

第六，深圳金融法庭根植前海，充分发挥法治建设示范的综合优势。前海先行先试，探索金融审判机制创新，不断优化司法资源配置，提升审判专业化水平和审判质量与效率。金融法庭可以充分发挥金融审判职能，着力防范化解重大风险，为建设规范、透明、开放、有活力、有韧性的资本市场营造良好的法治环境。

在执法体系方面，前海也做出了一系列尝试和创新。其一，建立国际化商事仲裁机构——深圳国际仲裁院。借鉴香港制度，设立理事会并将其作为决策机构，允许港人充分参与仲裁院事宜。深圳国际仲裁院还建立首个国际仲裁海外庭审中心，旨在处理中国对外贸易和海外投资相关案件，践行中国国际仲裁"走出去"战略。其二，打造"两中心一高地"（国际商事争议解决中心、国际法律服务中心和知识产权保护高地）司法布局，依托以最高人民法院第一巡回法庭和深圳国际仲裁院为核心的司法终审和一裁终局的"双终局"架构，将前海打造成解决国际商事争议的优选地。

◆ 第五节　高起点的城市建设政策

对任何一个国家而言，城市的现代化都是国家现代化最直观的表现形式之一。在改革开放之前的一段时间里，中国人眼中观察到的西方发达国家，其经济发达首先就表现在拥有若干规模庞大、基础设施发达的国际化大都市，纽约、巴黎、伦敦这些耳熟能详的城市名称成为西方文化在全球渗透的重要标识。

然而，在中国改革开放四十多年的历程中，我们的城市也经历了快速的发展，尤其是北京、上海等一线城市目前已经崛起为当之无愧的世界级城市。这些中国城市在很多方面都可以比肩传统的西方大都市，甚至在基础设施等方面还有所领先。这是否就意味着我们的城市建设已经是世界一流了呢？恐怕还不能做如此简单的推论。为了搞清楚这一问题，我们需要思考城市的本质是什么？这个问题涉及我们为什么要追求城市的现代化？回顾过去四十多年中国的发展历程，我们的城市建设有哪些经验，还存在哪些问题？尤其是快速的城市化进程带来了什么？对这些问题的深入思考，对于未来中国的城市发展以及城乡关系都具有极为重要的意义。

城市的本质是一个见仁见智的问题。现代产业经济学中有"集群"（cluster）这一概念，当生产要素以特定的方式聚集后，就会产生意想不到或者说无法预先进行设计的"溢出效应"。这就是城市在经济发展中最为直接的作用——各类生产要素尤其是人（劳动力）这一重要的生产要素的聚集地。当然，城市存在的意义远不止如此，还可以从人类学、社会学等不同角度探讨城市的意义。但从经济意义上看，中国的城市建设至少需要满足以下三个要求。

一是城市规划的前瞻性。基础设施的完备、发达与否，在相当程度上能够反映出一个城市的现代化程度和发展潜力。关于德国和日本在一百多年前修建下水道等城市基础设施中表现出的前瞻性，在中国的网络上早已广为流传，这说明民间对城市基建标准具有朴素的期望。数字经济时代,城市规划的前瞻性则更多地体现为对"新基建"和"软基建"的投资。"新基建"是新型基础设施建设的简称,主要指5G基站建设、特高压、城际高速铁路和城市轨道交通、新能源汽车充电桩、大数据中心、人工智能、工业互联网七大领域,涉及诸多产业链,是以新发展为理念,以技术创新为驱动,以信息网络为基础,面向高质量发展需要,提供数字转型、智能升级、融合创新等服务的基础设施体系。"软基建"则是前海国际事务研究院的研究团队近年来大力倡导的新概念,"软基建"包括住房供给、公积金与养老金制度、科技研发和知识产权机制、公共卫生与应急体制机制、基础和职业教育、现代金融体系等一系列软性基础设施。现阶段,中国在看病就医、社保体系、养老体系等领域的硬性基础设施建设已经形成相当规模,但对应的管理方式和配套服务仍有很大提升空间,软性基础设施的投资不足导致效率较低,需要花大力气投入和改造。

二是城市建设的创新性。创新是我们提出的"新三大法宝"之一,是实现高质量发展和中国式现代化的关键一招,那么在城市建设和发展方面如何体现创新性呢?制度的创新是一个重要的突破点。例如,一个亟须推动的创新举措就是,尽快推进土地制度以及相关户籍制度的改革。历史地看,中国每一次成功都与土地制度改革有关系。前两次的土地制度改革都成功了,现在我们需要"第三次土地制度改革"。实际上,土地制度改革的提出已经有数年,也有了一些新的概念,比如"三权分置"等,但好多政策还没有切实地推进。此外，我们一直在呼吁，城乡只是居住概念，而不应是身份概念。城市不仅是城市居民的居住地，也可以成为农民的新家园。同样，农村也可以是城市居民居住的地方。我们现在要鼓励城乡的双向流动。一直以来，因为城市的虹吸效应，农村的要素持续流向城市，农民有钱了可以到城市买房，把小孩送到城市里读书。政府对农村的投入尽了最大的努力，但毕竟有限，社会资本又很难下乡。这需要第三次土地制度改革，对于推动城乡融合发展具有极为重要的意义。

三是城市治理的复合性。城市不仅承载着经济功能，更承载着社会功能、环境功能和文化功能。因此，城市的治理维度是多元的，治理的理念和手段也不应当是单一的、"一刀切"式的。一方面，中国过快和过度的城市化，尤其是大城市化，已经带来了很多严峻的负面效果。我们国家现在面临的最大问题之一就是生育率低下，人口增长断崖式下降。这是和过度城市化、过度大城市化有关系的——城市规模越大，人口的生育率往往越低。欧洲和其他地区也有这种情况。亚洲式的大城市化所造成的恶果最为严峻——日本 1/3 的人口集中在大东京周边，韩国差不多一半的人口集中在首尔，除了城市化水平还没那么高的越南的生育率还可以，东亚儒家文化圈几乎所有的城市都面临低生育率的挑战。因此，我们的城市治理需要解决城市"只生产 GDP 而不生产 BABY"这一问题。另一方面，在应对全球气候变化的大背景下，环境、社会和公司治理（Environmental,

Social and Governance，简称 ESG）越来越成为新的普世价值观，如何在城市建设中体现 ESG 原则，通过绿色环保的方式推动城市基础设施建设，通过绿色金融等杠杆加速城市建设，将绿色城市建设作为环境治理的重要举措，也是我们必须要面对的重大挑战。

前海在城市建设政策的探索方面始终秉持前瞻性、创新性以及复合性的原则。《前海深港现代服务业合作区综合规划》强调："坚持生态、活力、健康、可持续的先进城市发展理念，以产城融合的城市发展模式，将前海合作区建设成为具有国际竞争力的现代服务业区域中心和现代化国际化滨海城市中心。"为实现建设高水平"国际化城市新中心"的目标，前海合作区以产城融合、特色都市、绿色低碳三大规划策略及"综合规划 +单元规划 + 专项规划"规划体系为指导，坚持"精耕细作、精雕细琢"，以"四先四后"建筑时序完成新城建设，在城市规划、建设和管理三方面实现了创新突破。

一 智慧城市导向的城市规划政策

一是创新性地在前海地区划分"开发单元"。"开发单元"是指导开发建设、规划管控的核心载体，是前海产业集聚、项目建设的空间单元，也是指导市场开发、实现前海品质的管理单元。综合规划构建前海的总体空间框架，并细分了 22 个开发单元和 102 个街坊，对每个开发单元均安排办公、商业、公寓等多种功能业态，独特的划分有利于各单元相对独立且快速地开发建设。

二是创新"指挥部＋两平台"建设模式。前海政府深入探索推进区域开发建设的体制机制，在指挥部决策机构基础上，引入第三方安全巡查平台和前海城市新中心建设统筹协调平台，推出"指挥部＋两平台"的建设管理模式，在组织架构、工作内容、工作机制等方面实现突破创新，被深圳市政府纳入第六批改革创新经验并向全市推广。

三是创新构建"三维地籍"土地立体化管理。将三维地籍管理理念和技术方法纳入土地管理、开发建设和运营管理的全流程中，建立土地空间权利体系，细化地上、地表、地下土地使用权权利边界，进一步提高土地精细化管理和集约化利用水平。

四是创新打造"智慧前海"新型城市，创建新型城市前海示范区，具体包括以下举措。第一，推进前海通信政策领域、网络基础设施建设创新，加快前海互联网业务开放，建设国际数据专用通道。第二，发行"前海卡"，深化深港合作。第三，通过"深港通"公共 Wi-Fi 基础设施、"智慧前海"视频云平台、金融风险技术分析平台建设，实现前海城市智慧型发展。

二 创新型的城市土地开发模式

前海在国内首创 1.5 级开发建设概念和"梯级土地开发模式"。在中国，土地一般分为 1 级和 2 级开发，把山地、水塘整理成可建设用地是 1 级，在 1 级土地上盖楼是 2 级。前海在开

发过程中，创造了 1.5 级的过渡态，既开发改造了土地，同时
又给后续开发留下了空间，实现土地资源的可持续利用。根据
基础设施建设情况和土地开发时序，选择基础设施完备、土地
出让较慢、土地价值空间大的地块，采用建设可移动、可生长
的建筑和设施，形成滚动开发模式。这一模式有效提高了区内
土地开发效率，大大缩短了土地开发时间，最大程度实现统一
规划，真正实现了"生长中的前海"。此外，前海还学习香港在
建设领域的先进经验，加强深港建筑专业人士交流，深化深港
建筑领域合作。曾参与前海嘉里中心建设的相关负责人在回忆
前海新城建设时感叹，从鼓励吸引香港企业、专业人士参与前
海开发建设，到深港共同探索、总结两地建设管理经验，前海
嘉里中心不仅是第一个试点"香港建设模式"的项目，也是前
海试行"香港工程建设模式"的一个缩影，现如今前海的"香
港建设模式"已是百花齐放。

三 生态环境与政府环境复合治理

《前海总规》提出"加强生态环境保护"，"严格执行环境
功能区划和水功能区划"，"加大排入前海湾的各水体污染治理
力度，不断改善前海湾水质条件和空气质量，提升前海的环境
水平"，"大力发展绿色交通、绿色建筑，积极推动可再生能源、
节水和水循环利用等项目建设，将前海建设为以低能耗、低污
染、低排放为标志的节能环保型城区"。《前海总规》对前海生
态环境治理给出了宏观方向指导，确立了前海环境保护的基本

原则。2011 年,《深圳经济特区前海深港现代服务业合作区条例》贯彻《前海总规》"生态环境保护"方针,规定前海合作区开发建设应当遵循整体规划、统筹推进、政府主导、市场运作的原则,坚持低碳环保的理念,实现经济、社会、环境的可持续发展。2013 年,深圳市规划和国土资源委员会及前海管理局联合公布《前海深港现代服务业合作区综合规划》,强调建立统一、高效、协调的环境保护长效机制,全面提高区域环境质量,促进生态资源环境的保护与利用,实现可持续发展;同时制定有效的环境风险防范措施,建设环境优良、资源利用合理的"绿色区域",培育陆海统筹发展的"生态低碳区"。至此,前海的环保政策框架基本建立。

除了生态环境,前海还十分重视政府环境建设,多渠道并举,实现城市科学化精细管理。以"数字前海""智慧前海"为目标,上级政府推动建设前海数字政府,打造全空间可视化数字城市。前海采用多种方式推进城市治理,借鉴香港经验提升城市建设和营运水平,营造良好的政府和城市环境。以建筑行业为例,前海实行以建筑为主导、多专业协同审查的体制,实现新建项目 100% 为绿色建筑的目标。

3

第三章

效果："前海模式"的成绩与启示

　　"新三大法宝"——改革、开放、创新在前海实践的效果是显著的，这从前海合作区成立十余年来所取得的成绩中能够直观感受到。全面展示前海改革、开放、创新的成果是一个难度不小的"技术活"，正如本书序言中所指出的，面面俱到和有所遗漏都是不合适的，平铺直叙地展示成绩或者抽象地讲述改革理念和创新的价值，也是缺乏新意的。然而，与之相比更为重要的是，如何提炼前海的经验与启示，从而对全国其他地区的高质量发展乃至中国式现代化有所助益。本章从创新驱动发展、体制机制改革、现代服务业体系构建、深港合作深化开放以及城市新中心建设五个方面对前海改革所取得的成绩进行梳理，在展示成绩、总结经验的同时，我们也不回避存在的问题，尤其是在科创产业发展、金融创新以及服务香港等方面，前海依然面临一些问题与挑战。我们深知，前海正处在快速发展之中，对于"前海模式"的绩效评估和经验总结是阶段性的，应当将其放在更长的时间维度加以考察。从这个意义上说，本章的目的不仅仅在于展示成绩，也旨在引发读者的思考，共同关注前海的改革、讲好中国故事。

第一节　以制度创新为核心实施创新驱动发展

前海合作区的核心使命就是以制度创新求突破，以制度创新谋发展，进而打造成为新一轮改革开放的制度创新高地。前海在制度创新方面所取得的成绩是显著的。截至目前，前海累计推出制度创新成果 835 项，其中全国复制推广 88 项、广东省复制推广 103 项，实施了一系列原创性高、引领性强的改革措施，充分发挥了改革创新试验田的探索作用。前海制度创新推动发展的机制可以总结为四个"效应"，即引领效应、整合效应、激励效应、规范效应。

一　制度建设强化党建引领

党的领导是"前海模式"取得成功的根本保障。2020 年 10 月 14 日，深圳经济特区建立 40 周年庆祝大会在前海国际会议中心隆重举行。习近平总书记在大会上强调，深圳等经济特区 40 年改革开放实践积累了十条宝贵经验，第一条就是必须坚持党对经济特区建设的领导，始终保持经济特区建设正确方向。因此，前海合作区面临的首要问题就是如何在开放的环境下，以党建工作统领"新三大法宝"的实践。在这道"必答题"面前，前海合作区通过一系列的制度建设，蹚出了一条在开放条件下加强党建工作的新路子。

2018年3月经深圳市委批准，前海合作区党工委成立，是市委直属的工委之一。前海合作区党工委、前海管理局、前海蛇口自贸片区管委会、前海综合保税区管理局实行"四块牌子一套人马"的一体化运作模式。这种体制机制的创新，在全国范围来看，是开先河的。前海合作区党工委管理的党组织包括机关、国企、两新组织等多种类型，为前海实现大开放、大开发、大发展、大变化提供了坚强保障。前海党建工作的特色可以归纳为以下几个方面。

一是始终把党的领导贯穿前海合作区开发建设全过程。在健全落实党的全面领导制度机制方面，前海出台了优化前海管理体制机制实施方案和445项权责分工清单，印发《深圳市前海深港现代服务业合作区党建工作联席会议制度》，与南山、宝安签订三方党建共建工作协议，推动南山、宝安区参与决策前海重大事项机制。在基层党建工作制度创新方面，前海发布了全国首个加强自贸区党建的指导意见，制定出台新一轮前海党建三年规划（2023—2025年），坚持探索高度开放环境下的前海党建模式"一条主线"，全面实施"旗帜领航""铸魂赋能""堡垒先锋"等前海基层党建"九大工程"，树立"潮起前海、旗帜领航"党建品牌，打造"1+9+N"前海党建体系，将党的建设与前海开发建设同谋划、同部署、同推进、同考核。

二是在党的理论学习方面推出了一系列创新性做法，改善了学习效果，激发了广大党员干部"干事创业"的热情。例如，建立了"前海第一课"学习落实制度，常态化开展"前海青年马克思主义读书会""思想分享会""青春学堂"等系列活动。前海合作区党工委"挂图作战"系统梳理 52 项重点工作，打造习近平新时代中国特色社会主义思想在前海的生动实践"1+3"精品课程，形成配套的四条经典线路。开展"用脚步丈量前海"实践活动，组织党员干部深入一线、直奔问题，推进解决关系企业和群众切身利益的问题。前海还设立了"中国人民大学中国式现代化深圳创新实践研究基地"，创新开展"前海大讲堂""书记对话间"等系列活动。在利用新媒体平台方面，前海在"深 i 学""前海先锋"公众号推出"大学习""微课堂"等学习专栏，持续推进理论学习走深走实，展现前海人的奋进故事，激励广大干部实现新担当、新作为。前海还打造了"1+5+N"党群服务阵地，启用前海国际人才港、深港基金小镇等一批党群服务中心，打造"前海先锋号"移动党建阵地，将前海合作区内相关改革开放事迹及红色地标景点串珠成链，以"前海先锋号"移动党建阵地为载体，带领党员干部沉浸式体验改革开放教育场景，打造独具特色的党建品牌，营造前海浓厚的党建文化氛围。

三是以党群共建搭建深港"民心桥"，把党建工作与深港"心联通"相结合，取得了良好效果。前海党建的一个特色是打造深港思想共融生态圈，依托"深港同心""前海青年马克思主义读书会"等前海特色教育活动，为来前海就业创业的港人开设"前海第一课"。依托丰富多元的党群活动载体，特色开展"深港 TALK"、"One day in 前海"定向越野公益捐步、"香港中文大学（深圳）参学之旅"、"港乐烛光音乐会"等活动，擦亮"行走的党课"活动品牌，在交流交往中不断强化深港青年思想政治引领。此外，前海党建工作在打造港澳青年就业创业生态方面发挥了重要作用。通过"万名干部进万企"活动，组织前海管理局党员干部面对面服务港企，迅速摸清"惠企 20 条""惠港九件实事""8 大优惠政策"政策落地的堵点、痛点、难点，以党员干部的"辛苦指数"换来港企的"发展指数"。打造"前海 offer 姐"IP，利用轻松幽默的方式"直播带岗"，推动港澳青年在前海工作、实习实践、交往交流、成才成长。党建工作的下沉，尤其是与惠港工作的直接对接，既发挥了党员的先锋模范作用，也让港人、港企直接感受到了党组织的强大力量。这种有力度、有温度的党建工作经验值得在全国推广。

二　制度对接引导资源整合

经济发展离不开生产要素的聚集，但要素集中度的提高会带来区域发展不平衡的后果。无论是一国，还是一个地区，其经济发展都离不开人（劳动力）、财（资本）、物（资源）、智（技术）等生产要素的聚集。尤其是在工业化进程的初期和中期，这种物理空间上的要素集聚几乎是必需的。这就是为什么工业化进程的加快与城市化进程的加速是相伴相生的。生产要素为什么会在特定的区域聚集进而带动经济的高速增长？最初的要素聚集往往是由于地理位置优越或自然资源丰富等原因，世界著名的三大湾区——纽约湾区、旧金山湾区以及东京湾区，之所以发展成为世界级湾区，都在一定程度上与其地理位置相关。随着科技革命的发展，教育资源丰裕度和科技创新环境逐渐取代了自然因素，开始成为影响要素聚集的主要原因。然而，无论要素聚集出于何种原因，其结果都是要素聚集地的发展速度会远远领先于非要素聚集地，进而形成巨大的地区发展差距。对于一国行政当局而言，如何通过引导要素资源的流动进而实现国家或特定区域的协调发展，是宏观经济调控和管理中一个十分重要的命题。

　　一般来说，有两种方式应对这种由要素集中度不均衡带来的区域发展不平衡问题。一种方式是通过中央财政转移支付的方式，在发展相对缓慢的地区加大投资，改善基础设施条件，设立更多的学校以提高人力资本质量等。这种方式的特点是通过"硬件"条件的改善，带动区域经济发展。但财政转移支付的链条较长，涉及央地关系的博弈，并受制于中央财政预算规模，可持续性往往难以保证。如果硬件条件的改善不能在当地转化为创造财富的能力，那么往往难以起到带动经济发展的实际效果。或者说，财政"输血"只有转化为当地的"造血"能力，才能够产生长期效果。另一种方式则是通过制度设计，引导生产要素由高丰裕度地区向低丰裕度地区转移，从而达到地区间均衡发展的目的。这就是所谓的"给政策"方案。在中国改革开放进程中，很多特区的设立，都是从国家（政府）在特定领域"给政策"开始的。例如，所得税优惠政策、土地使用政策、进出口通关便利等。这种方式的特点是通过"软件"条件的改善，引导生产要素的跨区流动，间接推动区域间的融合发展。其优势是显而易见的，即能够在当地直接形成"造血"能力。因此，用好制度这根"资源指挥棒"极为关键。

粤港澳大湾区是中国重要的国家级区域发展战略，其旨在推动内地与香港和澳门的融合发展。改革开放以来，与中国内地省份之间的融合发展所不同的是，内地、香港与澳门拥有各自不同的经济体制，司法体系也存在较大的差异。更为重要的是，尽管在主权意义上，内地、香港和澳门同属中央政府管辖，但香港和澳门在特别行政区基本法的框架下，拥有独立的财政和人事体系，因此内地、香港和澳门之间的融合发展显然无法复制内地省份之间通过中央财政转移支付以改善"硬件"条件这一传统方式。这就意味着粤港澳大湾区的发展，首先必须通过"软件"的升级，来引导生产要素和各类资源在大湾区的重新配置，即制度和规则的对接至关重要。只有在制度和规则层面，打通制约内地、香港和澳门资源流动的障碍，才能在真正意义上实现粤港澳三地的融合发展。前海合作区制度创新的重大意义也正是如此。

前海的制度创新，在制度层面打开了制约优质要素资源在粤港澳三地流动的"阀门"，其核心就是通过制度对接引导生产要素在粤港澳大湾区范围内重新整合。"依托香港、服务内地、面向世界"是前海的定位，就香港和内地的融合发展而言，在本质上就是两地资源的"再配置"。在这一基础上，实现两地的产业升级和高质量发展。

20世纪80年代以来，香港对内地的发展作出了非常重大的贡献，来自香港的资本是内地最需要的，那是两地资源的"初次配置"。改革开放的进程刚刚启动之时，中国内地很少有西方资本流入。第一波资本主要来自华侨，尤其是香港以及台湾地区的资本，也有少许的新加坡资本。实事求是地说，如果没有第一拨华侨的资本，就不会有第二波西方的资本；如果没有香港，就没有深圳。但香港并不只是西方资本走向中国内地的一个桥梁，香港本身的资本对内地尤其是珠江三角洲的发展也有非常大的贡献。20世纪90年代初期邓小平南方谈话以后，西方资本开始大规模进入内地。

从20世纪80年代开始，香港几乎把所有的制造业都转移到珠江三角洲或内地其他地区，香港本地的产业呈现"空心化"。如果把中国香港作为一个独立个体来看，确实如此；但如果把香港放到整个大湾区或珠江三角洲来看，这就不能称为"空心化"了，而是基于资源配置的劳动分工。香港有其自身优势，它的金融业、服务业、法律、医疗、教育等，到目前为止都还是领先的。如何在建立劳动分工的基础上实现进一步的发展，是香港未来需要思考的问题。

中国已经明确了制度型开放的大方向，从市场型开放上升到制度型开放。从实践来看，粤港澳大湾区、海南自由贸易港以及长三角这些开放的经济带在全线推进。制度型开放相当于二次"入世"，本质就是与世界再"接轨"。中国已经有过一次与世界接轨，二次"入世"如何再接轨？我们一直提倡，接下来内地的城市要做"香港+"。香港这些年的问题只出现在政治上，其他方面所有的规则都很健全。比如知识产权保护、消费者权益保护、自由贸易港、医疗、教育、公民社会的发展，方方面面都是世界领先的，其规则也为世界所接受。香港是中国所有城市里，国际化程度最高的，且它的规则也是世界性的。所以，如果中国要二次"入世"，第一步就是内地城市要跟香港规则接轨。跟香港规则的对接，就是跟世界规则的对接。"香港+"的概念，就是以香港的规则为基础，实现制度的对接。

当然，内地并不是所有方面都比香港落后。比如香港没有发达的互联网企业，也没有新能源汽车产业，而粤港澳大湾区的互联网和新能源产业是非常领先的。在香港这些规则的基础上，我们只做加法。所以，现在横琴、前海、南沙都要以香港的规则为标准。港澳的规则只有细小的差异，而且澳门很多规则都源自香港规则。通过横琴、前海、南沙这三个点，以点带面，把香港规则推行到整个大湾区。这跟建立全国统一大市场的改革大方向是一致的。中国的经济规模已经是全球第二位了，但是到目前为止还没有一个全国性统一大市场。美西方国家的强大，就在于其规则和标准的统一。中国要强大，就必须做到规则和标准的统一。但中国的国家规模如此之大，难以一步到位形成全国性的统一大市场，可以先按区域来做规则的统一，比如率先在粤港澳大湾区、长三角、京津冀建立大市场。前海的改革就是把香港方方面面的规则通过"香港＋"的方式扩展到整个大湾区，最终建设一个大湾区统一市场。在大湾区统一市场的基础上，再向四方扩散。向北往湖南、长三角对接，向西往海南岛，向东往台湾、福建，向南更是可以跟东盟的规则对接。

三　制度创新激发市场活力

制度经济学的研究发现，有什么样的制度设计，就会有什么样的人类行为。也就是说，制度是激发（或抑制）人类创造性的有力工具。从国家层面来看，实行包容性的经济和政治制度，还是汲取性的经济和政治制度，从根本上决定了一个国家发展的成败。从经济发展所需要的要素投入视角看，除了劳动力、资本和技术这三种传统生产要素，制度同样可视为重要的生产要素。高质量的制度环境不仅能够降低交易成本，而且能够调动市场主体的主动性和创造性，提高生产效率。前海在制度创新方面的探索，成为鼓励微观主体开展创新活动的重要动力，有效地激发了市场活力。

制度创新是前海构建现代服务业体系的"第一推动力"。经济学家罗纳德·科斯是现代企业和市场理论的奠基人之一，他提出了著名的"科斯定理"，即在产权明晰的前提下，只要交易成本足够低，那么市场会自发地实现最优的资源配置。交易成本这个概念就此备受关注。在实际经济运行中，交易成本往往有两个表现：一是信息的不对称；二是制度摩擦。数字技术革命和通信技术的发展，已经大大地提高了市场主体获取信息的便捷度。那么，制度设计方面的障碍就成为提高交易成本的主要问题。在现代经济的三大产业中，什么产业对制度环境的要求最高？或者说对交易成本最敏感呢？答案是第三产业，也就是服务业。尤其是高端服务业，对制度质量的要求最高。因为服务业的本质是为人提供高质量的服务，服务产品尤其是高端服务产品往往不具有需求刚性，这一点与农业（第一产业）和工业（第二产业）有着显著的不同——现代社会的人们可以不需要私人律师提供一对一的法律服务，但是不能不吃饭、不出行。因此，高端服务业的发展必须以良好的制度环境为依托。

前海管理局有关负责人指出，前海始终坚持创新引领发展，以制度创新激发科技创新的巨大潜能，不断为前海高质量发展提供强劲支撑。前海在构建现代服务业体系方面，始终以制度创新作为"第一推动力"，这突出地表现在以制度创新推动科创服务产业的发展。为了激发科创产业发展的活力，前海在制度创新方面可谓下足了功夫。例如，为了解决科创企业初期融资难、发展难的问题，前海采取企业孵化与产业培育"两手抓"策略。2019年，前海打造"四大平台"提升科创产业投资运营服务，在重点项目集聚、海外项目承接、实验室建设、粤港联合科创中心筹建等方面，都取得了一系列显著的成绩。此外，前海还通过制度创新，在海外技术转移方面取得了良好效果。前海开创的"1个目标、2条主线、3大体系、4大支撑"国际科技交流制度架构，成功对接了十余项国际科技平台，如波士顿科创中心、剑桥创新学院等。

此外，前海搭建各类平台，拓宽产业空间，打造先行先试、边行边试、合作共试的制度创新"前海模式"，优化营商环境，成为吸引各类企业前来投资兴业的"金字招牌"。在2022年前海全球招商大会上，前海重磅发布"前海全球服务商计划"，向金融、商贸物流、信息、科技、文化创意、商务、航运、公共服务八类全球服务商发出邀请，吸引了一批产业链龙头企业落户前海。

在以制度创新优化营商环境方面，前海的电子印章综合应用、商事主体歇业登记等做法实现了全国推广。2021年12月，在前海合作区成果发布活动上，德勤中国发布了《前海深港现代服务业合作区2020—2021年度营商环境蓝皮书》，对前海营商环境进行各维度综合评估，结果显示前海合作区的营商环境已跻身全球营商环境第一梯队，接近世界一流水平。德勤中国对前海优化营商环境提出"深度开放、数字赋能、信息互联、智汇融创"的建议，建言前海继续加强深港合作互联互通，在吸引港人港企、推动产业升级、落实规则衔接等方面进一步探索，通过两地的优势互补和错位发展，以深港的协同发展带动大湾区一流湾区和世界级城市群建设，形成"双循环"战略的有力支撑。

四　制度供给规范市场秩序

制度规范是制约生产力"水流"大小的"管道"和"阀门"。

人们创造力的有效激发与利用，需要以一定的制度规范为前提。制度的规范效应，即规范和保障个体的创造力，形成经济、社会秩序使制度得以有效实施。对应前海的发展，主要体现为通过高质量的法律制度供给营造公正公平的司法环境。这成为前海塑造一流营商环境的基础，也是前海建设现代服务业合作区的前提。如前文所述，服务业尤其是高端服务业对制度环境和质量极为敏感，尤其是法治环境建设，直接决定了内地与港澳服务产业对接的成效。在前海合作区的发展历程中，司法体系的改革是重中之重。只有加强高质量司法供给，聚焦司法制度创新，推动司法与改革同频共振，以司法保障改革，才能够实现内地与香港司法体系的对接，从而为构建法治化、国际化的营商环境创造条件。

前海法院以中国内地法院的商事纠纷制度为基础进行了制度创新——适用域外法解决商事纠纷，在前海注册的港资、澳资、台资及外商投资企业可协议选择域外法解决合同纠纷，让境外投资人可以用"自己熟悉的法律"处理商事争议，成为全国首创的商事纠纷解决方式。此外，深圳国际仲裁院还与众多境外司法仲裁机构建立实质性合作关系，拓展服务中国对外贸易和海外投资的能力，构建接轨国际的多元化争议解决机制。为了让境外投资人可以放心地在前海进行商事贸易活动，进一步推动粤港澳大湾区内的经济合作，前海成立粤港澳大湾区国际仲裁中心，并充分发挥香港理事在理事会决策和监督中的作用，吸收借鉴香港地区先进的机构治理模式和经验。在仲裁形式创新方面，前海通过开展"云上仲裁"等方式，顺应仲裁的电子化、国际化趋势。"云上仲裁"是前海在全国自贸区率先推出的"互联网＋法律"的创新举措，也是前海多元化、国际化纠纷解决机制的重要组成部分。

此外，前海在全国首创了"港区陪审""港区调解"制度，先后选任 81 名港籍陪审员、49 名港澳台和外籍调解员参与涉港澳案件审理和调解工作，这是前海在法治领域"一国两制"实践的新探索。与此同时，前海构建了"三审级六法院（庭）""双终审"制的新格局，形成了商事、金融、知识产权、海事等门类齐全的专业审判机构布局。这为科创和金融产业的健康发展提供了坚实的制度基础。

前海通过提供高质量、国际化的法律制度供给，致力于打造公共法律服务集聚区，为各类型企业提供规范、公平的市场竞争环境。目前，前海国际法务区已构建形成"两中心一高地"的功能布局。同时，前海还积极引进各类国际一流的法治机构和法律服务机构，使企业和居民不出前海就可以享受公证、仲裁、调解、鉴定、法律查明等全链条的法律服务。此外，前海以业务合作方式引进国际商会仲裁院等近十家国际仲裁机构，并引进公标知识产权司法鉴定所、安证计算机司法鉴定所，填补了华南地区本土知识产权司法鉴定机构的空白，前海推出的"一带一路"法治地图，提供更加权威准确的境外法律大数据。前海通过联动香港，聚集港澳、国际知名律师事务所、公证、司法鉴定、法律查明等全链条、全生态法律服务机构，逐步打造了适应开放型经济体制的国际化法律服务资源集群。可为境内外各类型企业和居民提供全链条法治服务，最快最好地解决面临的法律问题。

从整体上看，前海充分运用特区立法权，推动前海与香港进行全方位法律规则衔接，在法律制度领域开展了重大制度创新，打造了内地与港澳规则衔接、机制对接的先行区。前海在司法综合配套改革、仲裁国际化发展等方面做出的重大创新和探索，对于规范市场竞争秩序、降低企业交易成本有着极为重大的意义。可以说，从司法体系领域率先开展制度创新，是前海推动现代服务业发展的重要经验之一。

第二节　通过体制机制超常运作探索中央与地方联动

一　中国央地关系的三层逻辑

首先，最重要的是政治逻辑。改革开放以后，为了改变往日贫穷的局面，中国把经济发展作为政府的头等议程。不过，地方经济发展议程在一定程度上表现出唯 GDP 的倾向，即以 GDP 论英雄。这对地方政府及其工作人员产生了重大的影响。在一段时间里，地方 GDP 的增长速度成为衡量地方政府工作人员政治业绩的最重要标准——如果不是唯一的标准。在很大程度上，地方政府演变成公司类型的政府，被学术界称为"地方发展主义"。当经济成绩可以转化为政治资本时，GDP数据的"水分"变得不可避免。

其次，是利益逻辑。地方政府如何推动地方经济的发展？在西方的市场经济体中，因为企业是经济发展的主体，地方政府必须通过法治建设、税收政策和劳动条件等改善投资环境，来吸引资本和劳动者。但在中国，地方政府拥有更为直接的手段，包括直接投资于经济项目和工程、向企业提供廉价土地等生产要素、与企业共同开发项目等。对地方政府来说，这样做可以增加地方税收；对政府工作人员来说，这样做可以创造很多有利可图的机会。有观点认为，中国是"市长经济"，这并非没有道理。那么多年里，每一任新的地方领导到任，大都通过这些手段来应对地方经济发展问题。

最后，是经济逻辑。经济逻辑最明显地体现在1994年分税制改革上。根据分税制的计划，中央政府以各省1993年上交的税收为基数进行税收返回。结果，1993年各省上交的税收大增。道理很简单，各省可以多分一块国民经济的大饼。近年来，一些地方政府背负巨额债务，但不管债务如何沉重，总是期望会有"人"来救，即最终的责任还是由中央政府来担负。因此，党的二十届三中全会提出，"建立权责清晰、财力协调、区域均衡的中央和地方财政关系"，明确"增加地方自主财力，拓展地方税源""推进消费税征收环节后移并稳步下划地方""合理扩大地方政府专项债券支持范围""适当加强中央事权、提高中央财政支出比例"等一系列改革举措。

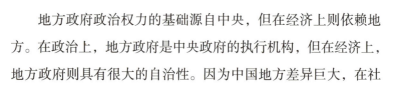

二　央地关系运作产生的问题

地方政府政治权力的基础源自中央，但在经济上则依赖地方。在政治上，地方政府是中央政府的执行机构，但在经济上，地方政府则具有很大的自治性。因为中国地方差异巨大，在社会经济方面，地方政府必须具有这种自治性，才能对地方进行有效的治理。

1994 年分税制改革之前，中央和地方之间实行的是经济上的激进分权，结果出现了很多问题，主要是地方政府"藏富于地方"，中央财政恶化。不仅影响了中央政府在全国层面的统筹能力，也影响了中央管理地方政府的行政能力。1994 年分税制改革彻底改变了这种情况，从前是经济上中央依赖地方，改革之后则是地方依赖中央，即使是经济最发达的省份也是如此。通过分税制改革，中央政府实现了政治上和经济上的统筹。不过，地方政府的经济权力有所弱化，但仍然要负责地方事务。地方政府的钱从哪里来呢？在很长一段时间里，土地和房地产是地方政府收入的主要来源。

必须指出的是，土地和房地产问题后来发展到如此严峻的程度，与 1994 年的分税制改革有直接关系，因为分税制事实上把土地支配权给了地方政府。地方政府也各显神通，发展出包括地方融资平台在内的各种推动地方发展、增加收入的方法。地方政府的做法也是理性的，一方面是地方建设和社会的需要，另一方面是政绩的需要。同样重要的是，改革开放以来，地方政府的一些领域可以说已经发生了根本性的变化，对地方本身和中央与地方的关系产生了重大的影响，但这些变化被忽视了。最显著的变化发生在地方政府组织机构领域。政府的层级增多、城市的层级增多、地级市和计划单列市增多，而且每一级政府都是几套班子齐全。

在改革开放前，地级市并非一级政府，而只是行署。这些变化导致了政府规模的急剧扩大，政府支出增加。有观点认为，与西方发达国家相比，中国政府的规模并不算大。这里的问题在于，一些西方发达国家实行福利国家制度，政府担负提供广泛社会服务的功能，政府规模的扩大是福利国家的必然产物。但中国到目前为止，社会保障水平与这些西方高福利国家相比还有一定的差距。因此，在讨论政府规模问题时，我们不能忽视这一点。

三 重塑央地关系的几个方向

其一，通过确立国家统筹制度，建设现代国家。现代国家一个十分重要的标志是生活在国家之内的所有居民都能直接得到中央政府的服务。这是中央政府政治合法性的社会基础。目前，中国在社会保障服务方面只实现了市一级的统筹，尚未实现完全的省级统筹，距离实现全国统筹的目标仍存在一定的差距。从这个意义上说，中国需要继续加强国家统筹的制度建设。

其二，压缩中间层政府。中国数千年来维持了中央、省、县三级政府的体制。日本直到今天仍然维持着从中国借鉴来的秦朝体制。从理论上看，政府层级的多少与中央政府管辖权的强弱之间不存在必然联系；从实践层面来看，压缩中间层政府不仅有空间，而且是可行的。例如，中国的城市不管大小一般都是"三级政府、四级管理"。新加坡近600万人口只有一级政府，加上几个提供服务的市镇理事会，至多也是一级半政府。相比之下，无论是社会管理还是提供服务，新加坡相对而言都更加高效。由此可见，政府层级的调整是必要且可能的。

其三，大力进行国有企业改革，使国企成为真正意义上的市场主体，减少地方国企对政府的依赖。在特定的公共事业领域，国有企业应当做大做强；在竞争性领域，国有企业则应当同民营企业在统一的制度规则下开展公平竞争。市场化的国企改革不仅可以控制和减少国企债务，也可以控制和减少地方党政工作人员的腐败行为。

其四，更为重要的是，要借鉴国际经验，在基层社会治理模式上寻求创新和突破。社会治理是复杂的，全能型政府未必能够完美地解决所有治理问题。如果能够借鉴全人类社会发展所获得的经验，在基层社会治理领域因地制宜地开展一些创新，例如借鉴新加坡和英国等实行的法定机构治理模式，可以减轻地方政府的治理压力，改善治理效果。

四　前海在央地关系方面的探索

在中央、省和市的大力支持下，前海形成了两项体制机制的创新。

一是建立"三个联动"推进机制，即中央部委和地方联动、境内与境外联动、政府与市场联动。2011 年 7 月，国务院专门批复建立了由国家发展和改革委员会牵头，广东省人民政府、香港特别行政区政府、澳门特别行政区政府参加，商务部等部委组成的部际联席会议制度，形成了国家级决策协同运作平台，解决了前海在金融改革创新、贸易投资便利化、服务业开放、平台建设等方面的 38 项实质性问题，政策更加便利化，使前海一跃成为联通港澳、服务内地、引领转型升级的中国新一轮改革开放战略前沿区域。这种创新性的央地协调机制，在中国可谓是一个创举。

二是建立法定机构区域治理体制机制。前海管理局依据"前海一条例两办法"，实行企业化管理、市场化运作，与自贸区管委会一体运作，先后承接了国家部委和省、市下放的涉及经济、城市建设等领域数百项行政管理权限，把体制内的强大动员力和市场的活力效率有机结合，形成"流程佳、环节少、时间短、服务优"的并联审批服务模式，充分发挥了法定机构创新激励、灵活高效的优势，也为政府职能转变探索了新路子。法定机构的定位使得其显著区别于地方政府，这对于理顺央地关系、化解利益冲突是一种非常好的尝试。上海陆家嘴、广州南沙等地均借鉴前海经验设立了法定机构。

前海经验表明，中央赋予地方政策"先行先试"权，形成中央部委决策、省市部署推动、一线创造性落实的良好局面，是突破改革藩篱，实现又好又快发展的可行路径。同样，也证明简政放权是释放市场活力、激发地方创造性的必然要求。

◇ 第三节　把握高质量发展规律构建现代服务业体系

总体来看，前海累计注册企业数量在全国各自贸区中位居前列，基本建成了现代服务业体制机制创新区、现代服务业发展集聚区、香港与内地紧密合作的先导区、珠三角地区产业升级的引领区。最关键的原因在于，深刻认识、准确把握、主动顺应了高质量发展的规律。

一　持续推动产业集聚发展

前海通过建设一批现代服务业载体，通过打造产业集聚区的方式建立服务体系，提供产业空间、加强企业间联动，打通产业链上下游，促进产业高质量发展。总体来看，前海合作区累计注册企业数量呈上升态势且增长速度较快。短短十余年时间，前海累计注册企业从合作区成立之初的两百余家增长为目前的二十余万家，产业聚集效应十分显著。为了持续推动产业集聚发展，前海合作区提出了打造首批"6+6"产业集聚区的方案，即"风投创投集聚区、大宗商品贸易集聚区、融资租赁集聚区、跨境电商集聚区、财税服务集聚区、高端智库集聚区"+"人工智能集聚区、供应链集聚区、集成电路集聚区、海工装备集聚区、航运服务集聚区、国际咨询集聚区"。

首批"六大集聚区"建设已经取得了较为显著的效果。截至 2023 年 12 月，前海风投创投集聚区累计引进 154 家风投创投及国际资管机构，管理基金规模为 3005 亿元；大宗商品贸易集聚区累计引进 60 家天然气龙头企业，2023 年的贸易额为 272 亿元，增长 104.5%；融资租赁集聚区引进租赁企业 1485 家，行业规模为 1744 亿元；跨境电商集聚区引进 127 家跨境电商企业，2023 年进出口额为 593.7 亿元，增长 78.2%；财税服务集聚区引进 27 家全国百强机构，其中 4 家百强总所，入驻机构共 63 家；高端智库集聚区累计引进 14 家高水平智库。

二 推进创新型产业体系建设

创新是引领发展的第一动力，而科技创新是深港两地的"最大公约数"，也是拉动现代服务业的最大动能。前海在推进创新型产业体系建设方面主要做了以下几方面的工作。

一是发展科技服务业。前海聚焦人工智能、健康医疗、金融科技、智慧城市、物联网、能源新材料等港澳优势领域，通过大力发展粤港澳合作的新型研发机构，创新科技合作管理体制，促进港澳和内地创新链对接联通，推动科技成果向技术标准转化。2015—2020 年，前海合作区的科技服务注册企业增加值由 27.09 亿元上涨至 178.74 亿元，年均增长率达 45.8%，科技服务业对地区生产总值的贡献度不断提高。2016—2020 年，前海科技服务业期末注册企业和开业企业的数量分别由 1.64 万家、0.65 万家增长到 2.36 万家、1.32 万家。这意味着投资者和企业家看好市场潜力和回报率，愿意投入资金和资源来启动新企业，进一步促进科技服务行业整体的发展。

二是建设高端创新人才基地。人才是驱动创新、引领发展的第一资源。前海管理局通过联动周边区域科技基础设施，完善国际人才服务、创新基金、孵化器、加速器等全链条配套支持措施，积极引进大批创投机构、科技基金、研发机构落户前海，实现了科技服务型人才的集聚。前海国际人才港的战略定位"以一域服务全局"，通过规划"四港九中心八大业态"的功能布局，实现了一个高度专业化的科技服务型人才集聚与培育基地。目前，前海国际人才港已成功引入近百家涵盖广泛领域的人才服务机构。这些机构的引入，一方面为前海提供了丰富的创新资源和高水平的服务支持，另一方面也吸引了更多国内外顶尖人才前来交流合作，共同推动科技服务业的发展。前海国际人才港的"服务中心"和"体验中心"为科技服务型人才提供了高水平的政务、市场、文化融入等服务，为不同人才群体量身定制的"国际人才一站式服务包"，极大地提高了人才的满意度和留存率。同时，"评价中心"和"转化中心"的建立，通过专业诊断、科学评价人才价值，以及提供知识产权全链服务，加速了全球技术向前海乃至中国的转移与创新应用，促进了知识的交流与共享。前海国际人才港的成功建设，为科技服务业的发展提供了新的动力。通过专业培训、技术交流、创新合作等多种方式，前海合作区不断提高科技服务业的整体知识水平和创新能力，为科技服务型人才的成长和发展提供了肥沃的土壤，加速了技术创新成果的产业化过程，推动了产业结构的优化和升级，提高了整个区域科技服务业的竞争力。

三是建设前海深港知识产权创新合作高地。《前海方案》提出"构建知识产权创造、保护和运用生态系统，推动知识产权维权援助、金融服务、海外风险防控等体制机制创新"，前海作为全国唯一的社会主义法治建设示范区，集聚了中国（深圳）知识产权保护中心、海外知识产权纠纷应对指导中心深圳分中心、深圳知识产权法庭、前海知识产权检察研究院、华南高科技知识产权仲裁中心等机构，构建起覆盖知识产权司法、行政、仲裁、公证、法律服务的全链条保护体系。与此同时，前海管理局和香港特别行政区政府商务及经济发展局共同制定了《关于协同打造前海深港知识产权创新高地的十六条措施》，推动深港两地在知识产权领域的合作进入新阶段，强化深港知识产权规则衔接、机制对接，支持香港知识产权在前海转化运用，打造知识产权跨境服务体系，共建前海深港知识产权创新高地，促进知识产权及科技成果等创新要素与粤港澳大湾区的创新链、产业链、资本链、人才链深度融合，助力香港区域知识产权贸易中心建设。

从总体上看，以科技服务业为代表的创新型产业体系的发展势头是良好的，取得的成绩也是显著的，但仍然存在以下四个方面的问题。

首先，科技服务是专业很强的工作，要求从业人员不仅具有深厚的科技技能，还需具有管理、经济、金融、法律等多学科知识以及丰富的产业经验。深圳由于高等教育和基础研究较为薄弱，本土人才培养相对滞后，长期以来主要依靠优惠政策吸引外部科技创新型人才。虽然各类引进人才数量与过去相比有明显提升，但是相比于北京、上海等城市，仍有较大差距，使得前海合作区存在高层次和国际化人才相对不足、引进渠道单一等问题。

其次，当前的科技服务业的业态规模远不足以成为推动服务业内部结构调整的重要力量。也就是说，虽然前海合作区的科技服务业从业人员队伍不断壮大、人员结构不断优化，但从整体来看，大多数科技服务机构规模普遍偏小且综合竞争力不强，对高素质人才的吸引力仍然不够。专业人才不足可能会导致科技服务机构很难全程参与技术转移和提供技术研发、市场开拓、战略咨询等方面的高端服务。

再次，深港科创资源尚未实现有效协同。一方面，深港科技软环境联通不畅。香港倾向于采用技术市场化的方式，而深圳对政策的制定和执行力度较大，已经形成一套相对复杂、层级较多且申请流程较长的科技管理体系，科技资源难以充分共享，对科研合作造成了阻碍。在深港融合的新阶段，深圳基础研究和原始创新能力加速提升，同时香港的发展诉求转向寻求新经济增长动能和产业的"实体化"。单方面强调香港的创新要素流入前海和落地转化，已不能使合作区在优势领域的研发资源得到充分利用，不能很好地满足当前双方的发展诉求。另一方面，深港的科技服务行业标准尚未统一。香港在产品质量、检验检测、专业咨询等方面执行国际标准，内地执行国家标准；

香港的知识产权对标国际水准，执法力度强，相比之下，内地产权侵权成本相对较低，不利于从香港引进国际技术。

最后，深港科创合作在深化开放方面的空间仍然有限。在市场开放方面，目前港企仍受外商投资准入"负面清单"管制，在部分行业仍有市场准入限制。在制度开放方面，境内外科研管理制度存在差异，在管理机构、立项评审、经费管理、知识产权归属等方面标准不一、缺乏协调，对两地的科创合作造成阻碍。比如现有"内地与香港联合资助计划"及"粤港科技合作资助计划"要求跨境合作项目必须经内地和香港专业评审同时通过才可获得资助，但由于前海合作区与香港的科研生态不同，两地专家评审标准不一且评审机制差异较大，实际上合作项目的联合申请较难通过。

三 以金融创新服务实体经济

一是优先开展服务民生领域的金融创新，构建粤港澳大湾区民生服务更优质、更多样、更便捷的金融服务体系。为了便利香港居民开立内地银行账户、进行信用融资，前海稳步推进香港居民代理见证开立内地个人 Ⅱ、Ⅲ 类银行账户试点，设立深圳市地方征信平台，积极参与"珠三角征信链"建设。为了便利香港企业跨境投融资，前海支持合作区内符合条件的港资小微企业在 500 万元人民币的限额内从境外银行获得人民币贷款。财付通支付科技有限公司打造的 WeChat Pay HK 香港钱包，实现了行业首例境外移动支付在境内使用，推动了深港两地金融创新发展，满足了大湾区居民便捷移动支付需求。在港籍居民数字人民币应用方面，2020 年，前海率先在港籍居民领域开展数字人民币创新应用。前海以港籍高端人才发放补贴为场景，开展了数字人民币试点，首次为港籍人士开通数字货币钱包，推动数字人民币 G2B2C 模式落地。前海还拓展了区内数字货币使用场景，推动深港青年梦工场、深港基金小镇、龙海家园等主要商圈的 133 家商户开通数字人民币收款，覆盖率约为 50%。

二是深化深港金融市场和基础设施互联互通，在跨境金融领域先行先试。前海将国家扩大金融业对外开放的政策措施逐步落地实施，在与香港金融市场互联互通、人民币跨境使用、外汇管理便利化等领域先行先试。前海率先在全国推动实现"六个跨境"金融开放体系，全面促进跨境金融创新，具体包括跨境双向人民币贷款、跨境双向发债、跨境双向本外币资金池、跨境双向股权投资、跨境资产转让和跨境金融基础设施。前海积极推动深港跨境信用合作，例如共享查询企业异地征信状况，打造前海深港跨境信用信息共享平台，全面打破信息差，分享两地企业信用信息即时情况，以及通过利用大数据、云计算、生物识别等先进技术实施征信报告、个人身份核验等反欺诈手段，发现跨境经营的企业在金融、行政等领域的失信行为，降低跨市场、跨行业、跨区域信用风险。2021 年 10 月 19 日，首批"跨境理财通"试点业务正式落地前海，"北向通""南向通"业务同步开展。工商银行前海分行创新性地推出"湾区跨境托管+"，通过"跨境托管 +ESCROW""跨境托管 + 行政外包""跨境托管＋注册易""跨境托管＋咨询易"四大模块，为跨境股权投资基金提供了湾区一站式全流程综合服务方案，为探讨粤港澳大湾区跨境资管业务新模式提供了实践基础。2021 年 10 月 28 日，前海深港国际金融城建设正式启动，意在为香港金融机构依法依规跨境办公，以及香港数字金融、金融科技等迭代升级提供空间载体。启动当日，前海管理局与瑞士再保险（瑞士）、大新银行（香港）、瑞银前海（外资）、法国安盛天平保险（外资）、招融投资（港资）5 家机构就金融合作创新签署合作备忘录，进一步拓展香港金融业发展空间。

三是积极稳妥推进金融机构、金融市场、金融产品创新。前海通过发展特色金融产业，培育了以服务"扩区"后产业体系和中小微企业为导向的金融业态。2023 年 3 月，前海办理了首笔进口企业境外"不落地购汇"支付货款业务，方便择优选择离在岸汇率价格进行交易。既能够规避汇率风险，又能降低交易成本，为企业带来更多发展利好，成为近年来跨境人民币进口贸易结算的重大突破。前海以创新金融为主导的现代服务业发展，为实体经济提供了新动能，为经济结构优化注入了新动力。全国首家民营互联网银行、首家社会资本主导的再保险公司以及全国首批相互制保险公司等在前海落户。前海微众银行作为一家没有实体网点的互联网银行，依靠金融创新和科技创新的深度融合实现了快速发展，覆盖了 31 个省份的 567 个城市，其"微粒贷"每笔贷款平均只有 8100 元，借款客户超过 1100 万人；"微业贷"服务 20 万户有融资需求的小微企业，其中 69% 的客户从未获得传统银行的企业类贷款。

四是完善丰富金融风险防范化解手段，创新监管方式方法。前海金融业业态丰富、体量较大，使得金融风险成为前海在经济领域面临的最突出风险。为此，前海开展了从体制机制到监管手段的全方位探索，形成了立体式、多维度的前海金融风险科技防控体系，为金融科技创新的良性发展奠定了坚实的制度基础。2016 年，深圳市公安局联合前海蛇口自贸片区管委会，创新了金融风险事中事后监管机制，率先在国内建立起基于企业信用评级体系的警务预警平台，通过警务前期介入有效降低企业运营风险，预防发生涉众型经济案件，为自贸区企业构筑经济领域、金融领域的"警务防火墙"，有效预防自贸区成为金融创新中的经济犯罪"洼地"。同时，前海紧扣公安警务改革，将企业经济犯罪变后期侦破为前期预警，实现防范阵地前移、预防手段前移、精确打击前移；将企业经济犯罪变宏观预判为数据导侦，实现及时发现、及时预警、及时处置和打击。2018 年，前海管理局与工信部、中央网信办合作建立"前海鹰眼系统"，树立自贸区金融风险防控标杆。系统功能包括：跨境监测，系统可识别互联网金融平台服务器的部署位置，发现前海企业在境外运营互联网金融平台的情况；跨行业监测，系统监测的近 6 万家金融企业，涉及"7+4"类地方金融管理职能的金融企业，监测的互联网金融企业涵盖 P2P 网络借贷、互联网资产管理等 20 多类金融业态。

尽管前海金融改革创新取得了显著的成绩，但目前来看，也存在一些问题，具体如下。

首先，香港金融机构参与前海改革开放的积极性不足。相对内地企业来说，来自香港地区的金融机构和公司在数量与质量上仍有较大的提升空间，外资使用比例也一直偏低。十多年时间里，港资企业数量在逐年递增，外资使用比例也在逐年上升，相较于建设初期已经改善许多，但相对于内地企业蜂拥而至注册的盛况，香港企业的积极性略显不足，注册比例仍较低，投资欲望偏低迷。总的来看，目前为止香港本地的金融公司，以及区域总部设在香港的全球跨国公司，对于前海未来的金融发展保持相对理性和谨慎的态度，积极性还未能完全调动。

其次，前海与香港之间存在一定的信息不对称问题。香港在金融领域的重要程度，使得香港本地的金融公司、金融机构以及金融家早已融入香港的国际金融网络枢纽，通过开放的网络共享信息和专业知识，控制和协调亚洲内部资本和全球资本的联动和交换。但很显然，深圳并不具备这个条件。香港和深圳之间存在较为严重的信息不对称问题，信息主要从前者流向后者，后者却鲜少向前者提供更为有价值的信息，这个现象很可能将在香港和前海之间重现。

再次，中国开放资本账户的程度将影响前海的未来发展。目前，投资者主要通过 QDII、RQDII、沪港通、深港通、自由贸易试验区等渠道进入中国资本市场。如果以已宣布资本项目可兑换的发展中国家作为参照，中国的资本项目开放水平已经达到平均标准。需要注意的是，低风险类项目已经基本开放完毕，未来需要进一步开放的是风险更高、管理与监测难度更大的项目。前海作为金融开放创新的试点新区，其能否成为中国具有从事人民币融资特殊权力的金融区，并且推动深圳成为国际金融中心的关键，就在于完全放开利率市场以及开放资本账户以实现资本自由进出的政策承诺在未来如何落地。目前，国内私募股权公司入驻前海的动力不大，而前海金融业未来的发展方向也与中国资本账户开放的程度高度相关。

最后，深港两地在金融监管领域的合作还有很大空间。两地监管之间的合作是"前海金融30条"的一个重大突破。"规则衔接"之下，未来双方在监管领域内开展深度合作的关键是，明晰香港与前海（深圳）的相对定位，其中包括香港离岸金融机构如何在前海等大湾区内地城市开展离岸业务。大湾区作为"一国两制"及"双循环"的衔接带，其跨境金融运作的关键逻辑是，企业跨境落地香港或前海后，不丢失在其原注册地享有的优势。这也是粤港澳大湾区作为"双循环"衔接带的生命力与竞争力的要义所在。由此可知，深港两地在金融监管领域的合作还需不断加强，而明晰前海与香港的比较优势与相对定位则是提升监管合作的关键。

四 引领服务珠三角产业升级

在新的发展阶段，前海承担起新的历史重任，成为内地与世界交流的连接口，以及珠三角地区产业升级的引领区。这主要体现在以下几个方面。

一是助力内地制造业服务化进程。前海推动成立全国自贸片区创新联盟，该联盟由广东、福建、河南、湖北等 10 个自贸区的 21 个自贸片区或区域共同参与。[①] 联盟坚持"友好合作、开放互赢"原则，以制度创新为切入点，以产业合作为突破口，以自贸试验区协同创新和协调发展为目标，以"一带一路"倡议为延伸，不断拓展服务内地、面向世界的经贸合作网络。作为联盟的发起单位，前海将始终牢记"依托香港、服务内地、面向世界"的定位，主动对接、服务好各自贸试验区的发展。前海作为珠三角地区产业升级的引领区，打造现代服务业高地，不断提升服务水平，完善服务功能，增强辐射能力，引领带动珠三角地区产业结构优化升级，加快构建现代产业体系。前海现代服务业的跨越式发展，重点引进和培育一批具有国际影响力和区域服务能力的生产性服务企业，打造功能突出的现代服务业集聚地，不仅有利于促进珠三角世界级制造业基地转型升

---

① 2019 年 4 月 24 日，由前海蛇口自贸片区倡议，广东、福建、浙江、河南、四川、陕西、湖北、重庆、辽宁、海南等地 21 个自贸片区或区域共同发起的全国自贸片区创新联盟在前海成立，并于当日召开了第一次全体会议。联盟旨在推动自贸试验区协同创新和协调发展，构建开放新格局，在更高层次上推进自贸试验区建设，更好发挥自贸试验区的示范引领作用。联盟以组建自贸试验区片区政府机构合作为基础，进一步建立自贸试验区企业、智库和国际合作网络。2022 年，联盟成员范围拓展至包括沿海、沿边和内地各种类型自贸片区政府机构、企业、智库，对制度创新、科技产业创新、经贸规则创新形成重要影响。同时将建立健全政府、企业、研究机构广泛参与的多层次、宽范围、广领域的合作模式，形成跨区域合作制度创新模式，改革创新经验得到广泛推广，区域经济发展中的辐射带动作用更加突出，充分显现自贸试验区在创新驱动发展、"一带一路"建设中的支撑作用。

级，形成现代服务业和先进制造业双轮驱动的现代产业体系，同时有利于为中国转变经济发展方式探索新模式。

二是持续与内地区域开展合作交流。2018年，前海出台了《服务内地、面向世界推动区域协同发展工作方案》，构建起服务内地的基本框架。通过与各区域密切合作，前海服务内地的引擎作用不断显现和发挥。例如创建自贸试验区改革创新协同发展示范区，通过协同改革、协同创新、协同开放、协同发展，建立健全以自贸试验区为核心的改革创新协同发展推进机制和保障体系，充分发挥了自贸试验区在粤港澳大湾区建设中的示范引领作用，增强前海合作发展引擎作用。截至2023年8月，前海已初步形成全国自贸片区创新联盟、自贸试验区改革创新协同发展示范区、与其他重点区域签署合作备忘录的服务内地"三措并举"的工作态势。前海这些改革创新经验逐步在内地得到不同程度的复制推广，尤其是2019年以来，前海服务内地模式全面改革升级，产生了积极的社会效果。

三是进一步优化升级服务内地模式。2017年以来，前海共与十多个内地区域签署了跨区域合作的备忘录或框架协议，包括地方政府签约以及与自贸区/自贸办签署，形成了服务内地东西南北多点布局的局面。前海在区域发展中形成了一批独特改革创新经验，并通过跨区域合作服务内地，推动形成一批改革创新排头兵、对外开放新高地和区域发展增长极。前海深入落实"服务内地"的要求，着力加强新兴贸易业态及服务贸易领域合作，深化与其他自由贸易试验区、新区的发展合作。引导前海金融、现代物流、信息服务、科技服务、文化创意及专业服务等高端服务企业在内地投资发展，对区域协调发展起了促进作用。

作为"特区中的特区"，前海是开启高质量发展的"窗口"。毗邻港澳，地处粤港澳大湾区核心是前海独特的区位优势，为"依托香港、服务内地、面向世界"提供了天然的地理条件。前海经验表明，认识规律、把握规律、遵循规律是经济高质量发展的前提，只有一切从实际出发，在产业扶持政策制定等方面做到因地制宜、因时制宜、因事制宜，才能取得预期成效。

◆ 第四节　以深港合作为依托全面深化对外开放

一　助力香港企业在内地发展

设立前海深港现代服务业合作区，一个重要目的是依托香港、支持香港，为香港提供更大发展空间、更多发展机会。2014 年，前海实施针对港人港企的"万千百十"工程。该工程坚持 1/3 以上土地面向港企出让，年内累计出让土地 19 宗，面积为 39.55 公顷，占经营性土地出让的 43.2%；总建筑面积为 303.2 万平方米，占比 44.7%。同年，前海深港创新中心、深港基金小镇、深港创意设计产业园投入使用，深港融合发展空间持续扩大，两地产业合作持续深化。2023 年 2 月 22 日，深港合作会议在香港举行，两地总结了自上次深港合作会议以来双方的工作成果，并展望来年合作方向。这是自香港与内地在后疫情时期全面恢复正常通关以后，香港与内地省市举行的首个实体合作会议。在粤港澳大湾区建设迈入第五个年头、内地与香港全面恢复正常往来的时间节点，香港与大湾区内地城市群高层开启了密集互访，向外界发出大湾区建设再提速的强烈信号。深圳和香港正在抢抓机遇，全面加强双方各领域务实合作，推动合作走向更高水平、更深层次、更广领域。

2021年1月，香港数码港与前海管理局签署合作备忘录，双方将通过定期举行香港机构、企业代表座谈会，为前海全面推进深港合作建言献策。为了改善香港工程业界融入粤港澳大湾区建设的制度环境，前海会同香港特别行政区政府发展局制定"香港工程建设领域专业机构及专业人士前海执业备案管理办法"，实际解决了两地企业资质和执业资格不互通的问题，使港人港企备案后即可在前海范围内直接执业。在前海的支持下，香港的产业发展空间迅速扩大。2021年，前海合作区总面积从原来的14.92平方千米增至120.56平方千米，扩大了8倍，可用土地资源更多了，产业发展空间更大了。物流业原来有海港，再将深圳宝安国际机场纳入，实施陆海空多式联运、枢纽联动，发展空间更大。在会展产业方面，随着会展新城及海洋新城被纳入合作区，前海合作区与香港的联动更加深入。宝安中心区等区域的加入，为前海合作区增加了高科技制造业产业，如人工智能、大数据、集成电路、信息技术、物联网等，从而进一步丰富了前海和香港合作的产业。

香港企业到内地的投资空间也不断扩大。前海对包括港资企业在内的总部企业加大扶持力度，制定《前海合作区总部企业认定及产业扶持资金申报指南》等规范性文件，为总部企业提供扶持资金，实施前海现代服务业综合试点项目以拉动社会投资。在新冠疫情全球大流行期间，前海支持港资企业共渡疫情难关，惠及上百家港资企业。前海通过与港澳的联通对接，特别是跨境要素流动、规则衔接先行先试，带动了粤港澳深度融合发展，为香港企业投资提供更广的空间和更大的市场。

二　为香港人才拓展发展空间

在支持港人在内地创业就业方面，前海成立了深港青年梦工场，为香港青年创业提供办公场地、住宿、后勤保障等全方位的支持。香港特别行政区历任行政长官多次到访前海青年梦工场，对前海促进深港合作的成绩给予了充分肯定。此外，前海在税收补贴优惠、执业资格准入、出入境居留便利、人才宜居宜业等方面出台一系列灵活的人才政策，旨在切实解决国际人才的后顾之忧。前海为外来人才提供住房保障，同等条件下，住房优先配租给港区人才、境外高端人才和紧缺人才。这为港澳人士来前海创新创业提供了极大的便利，吸引越来越多的港人、港企落户前海，激发了前海的市场经济活力。

在税收补贴优惠方面，前海出台了境外高端人才和紧缺人才认定办法、个人所得税补贴办法，通过薪酬、职务等市场化方式认定人才，对其缴纳个税超过 15% 的部分由市财政给予补贴。前海通过实施产业人才扶持政策，设立产业发展基金，促进产业人才聚集。2014年7月25日，前海管理局举行前海境外高端人才和紧缺人才证书颁发仪式，为首批前海境外高端人才和紧缺人才颁发证书。此后，前海持续开展常态化高端人才认证工作，为海外高端人才提供包括个税补贴在内的一系列服务。此外，为了打造前海人才服务品牌，前海还建立"每月一讲堂、每季一沙龙、每年一年会"深港人才常态交流机制，定期、成体系地开展人才服务活动。

前海还实施了产业人才扶持政策，拓宽香港青年创业空间。在前海管理局印发的《关于支持香港青年在前海发展的若干措施》中，对香港青年到前海实习、就业、创业等方面给予扶持。2023年7月，前海管理局印发了《关于支持港澳青年在前海就业创业发展的十二条措施》，包含相关补贴、上市资助以及青创大赛奖励等，为港澳青年在前海就业、创业进一步提供便利。前海管理局相关负责人表示，前海将持续拓宽人才服务领域和空间，为国际人才、港澳人才来前海发展搭建全方位、多渠道、广覆盖的一站式服务体系，助推粤港澳大湾区人才高地建设。

"依托香港"是中央对前海的重要战略定位，尽管前海在支持香港企业和个人在内地发展方面取得了不小的成绩，但我们也应当看到，在当前的内外部环境下，香港的发展面临较为严峻的挑战，前海作为依托香港的前哨，在支持香港发展方面依然任重而道远。一段时期以来，以美国为首的部分西方发达国家将中国视为首要战略竞争对手和意识形态敌手，不遗余力地打"香港牌"以遏制中国的快速发展，出台一系列反中乱港法案，并发布行政命令"终止对香港特殊经济待遇"，意图冲击香港国际金融中心地位。客观上看，当前香港经济金融等多领域都在承受压力。

一是香港面临资金持续外流的压力。2022—2023年，美联储连续加息下港元持续承压，资金外流压力较大。香港银行体系结余在2021—2023年这一期间，下降幅度接近90%。

二是市场活跃度降低。2019年以来，香港资本市场连续四年IPO公司数量下降，2021年融资额跌出全球前三，2022年融资额同比下降68%。2023年上半年香港市场29家公司首发上市，融资额为178亿港元，仅相当于2010年全年峰值的1/25。

三是人民币业务受冲击。2014年香港离岸人民币存款及存款证余额达11580亿元人民币的历史高位，随后受人民币贬值预期影响，规模最低降至6184亿元。由于人民币国际化程度较低以及人民币计价资产种类和体量不足，国际市场对人民币资产的配置需求偏低，香港离岸人民币市场发展程度受限。

四是机构和人才流失。伦敦、新加坡、日本等全球金融中心针对香港金融机构和港籍金融人才出台优惠政策，不少金融机构高管"转战"其他地区。2022年香港境外母公司的驻港公司数量大幅下降，其中金融及银行业较2021年减少45家。港交所统计，2022年共有47家香港券商宣布停业，创历史之最。香港特别行政区政府数据显示，过去一段时间香港出现了中高端人才流失的现象。一些香港外资金融机构和高管因担心受到美国所谓的"制裁"而离开香港。2023 年香港总商会开展人才短缺调研，196 家受访企业中有 74% 表示正面对人才短缺问题，七成受访企业称员工流失与移民有关。

五是投资者未来信心不足。香港特别行政区政府的调查报告显示，企业普遍认为未来对其业务构成最大挑战的是海外市场经济放缓或衰退的风险，其次是内地经济复苏所带来的正面影响较预期小和中美经贸摩擦加剧。特别是香港单独关税区待遇、港币自由兑换、联系汇率制度可能受到美国所谓的"长臂管辖"，国际银行清算体系被切断等风险，将极大影响各界对香港未来经济发展的信心。

六是与新加坡等国际城市竞争激烈。2022 年香港资产管理规模为 30.5 万亿港元，落后于新加坡（5.4 万亿新加坡元，约 32.32 万亿港元）。财富管理增量不多，"跨境理财通"对香港财富管理市场支撑不足，两年"南向通"已用额度不足 15 亿元，占总额度不到 1%。中欧商学院全球资产管理中心评价指数显示，中国香港的资管排名从 2022 年的全球第五跌至 2023 年的第十名，落后于新加坡、上海和东京。新加坡出台支持家族办公室发展的系列政策，到 2022 年年底已有家族办公室超 1300 家，已成为私人投资的替代选项。

七是深层次问题掣肘。经济结构失衡，四大支柱产业占香港 GDP 的 57%，其中金融、旅游和专业及工商服务业占经济的比重持续扩大，其他产业如创新科技等对经济的贡献度有限甚至萎缩，社会深层次矛盾突出，社会贫富两极分化、住房困难特别是高楼价引发代际矛盾、社会流动性减弱等深层次问题长期未得到解决。收入分配制度失衡导致政府收入及发展功能受限，治理作用发挥不充分。

香港面临的上述问题就是前海未来需要破解的困局。前海可以从多方面出发，着力解决服务香港、振兴香港的问题。例如，在银行、证券、保险、基金等传统领域为香港金融机构拓展更大发展空间，在数字金融领域支持香港打造国际数字金融中心，通过前海合作区支持香港建设离岸与在岸一体化的人民币业务枢纽中心，将前海税收政策扩展到金融领域，从而为香港金融业进一步开拓国内国际市场降低成本，研究前海作为粤港澳单一自贸区先行启动区的可行性，支持前海整体适用香港在经济领域签署的双多边协议，以及进一步明确前海协同香港打造金融创新自由港的地位等。

三 联通共建"一带一路"国家

前海是中国与共建"一带一路"国家"硬联通"和"软联通"的枢纽之一，在助力"一带一路"倡议方面发挥了重要作用。百年央企招商局集团是前海蛇口自贸片区建设的重要参与者。2014 年 8 月，招商局集团申请设立蛇口自贸片区。在彼时已批准的上海、广东、天津、福建四个自贸试验区里，唯一由企业作为申报主体的，只有蛇口自贸区。2014 年，蛇口工业区纳入广东自贸试验区。招商局集团支持在前海管理局基础上加挂自贸区片区管委会的框架，并提出派出不同层级的专职人员，全面参与、配合自贸片区的发展建设工作。招商局集团与前海管理局成立合资公司共同探索"小政府、大企业"的创新管理体制和"共商、共建、共享"的市场化运营模式。深圳和招商局集团达成"尊重历史、服从规划、搁置争议、利益共享、双赢发展"的共识，在土地整备方面，招商局将更多主导蛇口片区。2020年12月，招商局与深圳前海管理局签署"依托香港、服务内地、面向世界"战略合作协议，加强重点领域合作，不断创新合作模式，提升合作能级。

根据蛇口工业区的成功经验，招商局集团在共建"一带一路"国家复制蛇口综合开发模式，同步开发"前港""中区""后城"——即以港口为龙头和切入点，以临港的产业园区为核心和主要载体，系统解决制约东道国产业转移的软硬环境短板，打造国际产能合作的平台。吉布提是招商局首个完整推广复制"前港、中区、后城"招商蛇口模式的地方。2016年11月，招商局牵头与吉布提政府签署吉布提自贸区投资协议，自贸区规划面积约为48.2平方千米，项目于2017年年初全面开工建设，2018年7月正式开园。自开园以来，先后吸引数量众多的中国行业龙头企业合作，不断丰富产业服务功能，打造国际商贸物流中心和出口加工中心。目前，整个园区已建成仓库的出租率为100%，创造了大量直接就业的岗位。

作为前海蛇口自贸片区新城建设"十大战役"之一的重点建设项目，招商蛇口旗下的太子湾国际邮轮母港于2016年11

月开港运行。太子湾邮轮母港是招商蛇口"前港—中区—后城"模式的重要载体，以港口先行、产业园区跟进、配套城市新区开发，实现了港、产、城联动，将政府、企业和各类资源协同起来，推动产业的流动和升级，助力前海蛇口自贸片区高质量发展。

"一带一路"倡议是习近平主席提出的具有世界意义的国际公共产品，其不仅注重基础设施的投资建设（即"硬联通"），更加注重制度规则和民情民心的融合（即"软联通"）。2022 年 5 月，上海合作组织青年科技创新论坛在前海举行，论坛以"青春筑梦科技，创新引领未来"为主题，围绕创新合作、人民健康、数字经济发展、人工智能、绿色发展、减贫合作与乡村发展等领域进行交流。3 名中外青年用中、俄、英三种语言，共同发出《关于上海合作组织青年科技创新论坛的深圳倡议》，呼吁各国青年深化各领域友好交流，为促进本地区发展繁荣作出青春贡献。2022 年 11 月，中央对外联络部在前海举办了首届"看中国 听世界"论坛，斯洛文尼亚、蒙古国、埃及、印度尼西亚等十余个国家的政要和智库学者参会。

前海与共建"一带一路"国家的"软联通"在法治建设领域也得到了充分体现。前海推出了自贸区首个"一带一路"法治地图，设立"一带一路"法律服务联合会，成立"中非联合仲裁深圳中心"。这一举措成功推动最高人民法院"一带一路"国际商事法庭、"一带一路"经济纠纷调处中心落户前海。2017年，前海完成中亚、西亚、南亚片区的基础内容建设，梳理俄罗斯、哈萨克斯坦、印度、中国香港等 22 个国家和地区的宏观信息，翻译并收录了 300 余部法律、法规、判例，约 300 万字。2019 年，前海完成 64 个国家和地区的民商事法治地图，"一带一路"法治地图平台正式上线试运行。2019 年末，"一带一路"法治地图已完成大部分的基础内容建设，收录 64 个国家和地区的宏观信息，翻译收录 960 部法律、法规、判例，约 890 万字。法治地图通过线上、线下两种形式，呈现对项目选定的包括中国香港、哈萨克斯坦、俄罗斯、印度、新加坡、马来西亚、印度尼西亚、阿联酋、以色列、伊朗在内的 10 个重点国家和地区的全面介绍，并提供查寻这些国家和地区法律法规的方法、资源和渠道。前海管理局在 2021 年 11 月发布的《前海深港现代服务业合作区深化"放管服"改革优化营商环境行动计划（2021—2023 年）》中再次强调，要加强"一带一路"法治地图建设，为企业走出去提供法律支撑。

四 建设高水平国际合作平台

前海管理局有关负责同志表示，全面深化前海深港现代服务业合作区改革开放，是习近平总书记、党中央从战略和全局高度作出的重大决策部署，也是支持香港经济社会发展、提升粤港澳合作水平、构建对外开放新格局的重要举措。为此，前海在建设开放合作平台方面大力谋划，采取了一系列有效措施。例如，积极筹办前海合作论坛，举办"10+3"产能合作国际论坛，筹建前海（深港）国际商会、侨商侨领联合会等商协会，发起特殊经济区自由贸易创新联盟等。先后与阿联酋、英国、印尼、爱尔兰等国家和地区政府机构签订合作备忘录，与英国金丝雀码头集团签署了关于在前海共同打造"中英金融科技城"的战略合作协议，与英国哈罗公学、法国 HEC 签署了合作建设国际学校合作协议，与科威特皇宫办公室探索自贸产业园合作，助推"一带一路"合作走深走实。为提升多式联运便利化水平，前海推进了铁路、公路、水路、航空等运输环节信息对接共享，实现运力信息可查、货物全程实时追踪。在有条件的港口推进进口货物"船边直提"和出口货物"抵港直装"。探索开展科研设备、耗材跨境自由流动，简化研发用途设备和样本样品进出口手续。

2022 年 11 月，前海"一带一路"法律服务联合会主办"加强涉外法律服务能力建设，助力'一带一路'高质量发展论坛"。会议中，专家阐述了国际仲裁中呈现的共同点与差异，这些差异对中国律师到国外仲裁院参与仲裁造成不小的困难。在确定仲裁协议时，可以把争议解决条款的处理摆在核心位置，从仲裁地、开庭地和适用的仲裁法的选择，仲裁员的选择以及仲裁院的选择三个方面尽量做到贴合中国元素。

2023 年恰逢"一带一路"倡议提出 10 周年。对前海而言，"一带一路"倡议的纵深推进有利于提升前海自身乃至大湾区的国际竞争力。作为"一带一路"倡议推进中的一环，前海的开放、创新令其在对外联通层面发挥着独特作用。"前海是制度创新之地"，匈牙利《新导报》在报道中称："近年来，粤港澳大湾区纵深推进'软联通'，把'制度之异'变为'制度之利'。以前海为例，这里推出的大量制度创新成果已在全中国复制推广。"作为中国改革开放的先行区域，前海的开放活力与制度创新能力日渐提升。在境外媒体眼中，前海在多个层面的"制度创新"已辐射各个领域。西班牙媒体"欧华网"关注到前海人才吸引力的提升，这家境外媒体在报道中称："前海管理局携手香港打造前海深港知识产权创新高地的'16条措施'，推动大湾区培育科技创新的丰沃土壤。"马来西亚《光华日报》则报道："前海发布12条措施吸引港澳优秀人才，从实习就业、创业发展、居住生活等三大方面明确奖励。"针对消费活力升级，澳大利亚媒体"今日悉尼"刊文表示，通过引导高端零售资源加速集聚前海，可"助推深圳建设国际消费中心城市，加快构建国内国际'双循环'新发展格局"。

◆ 第五节　从零起步"画最美最好的图画"

一个高水平的城市建设，不仅可以有效提升城市的承载力，更可以成为带动区域发展的重要引擎。历经十余年的建设，前海已崛起成为现代化、国际化新城。前海合作区在土地管理、基础设施建设、环境与景观提升以及智慧城市建设等方面率先试点、争取突破，最终形成的前海典型经验与创新举措，在全国复制推广，为深圳乃至全国范围内的城市建设工作提供了丰富的借鉴与启示，前海智慧已然走向全国。

一　前海新城建设的规划思路

2021 年前海"扩区"是前海新城建设规划思路的一个分界点。从 2015 年成立至 2021 年扩区期间，前海在总体上对城市建设进行了较为科学的规划。尤其是前海在开展新城建设初期，面临着超高密度化（地块小、密度高）、地质条件复杂化、开发主体多元化（不同开发主体、时序及模式并存）、立体空间复杂化（地铁、地下空间、地下通道、地面道路、地上天桥）等问题，因此前海在新城规划时创新地提出了单元街坊一体开发模式与三区两带城市规划结构。

前海共划定为 22 个开发单元，每个单元由若干个街坊组成，整个片区共划定 102 个街坊。开发模式有四个显著特点。一是每个开发单元混合办公、居住、商业、政府社团等多种城市功能，提升城市的综合服务能力与公共生活品质。二是各单元规划设置立体的步行网络，包括地上人行天桥、地下人行步道，高效连接各公共交通站点，充分利用空间结构。三是各街坊规划互联互通的地下空间，与地下车行联络道、地铁高效连接，充分利用地下空间，实现人车分流。四是各单元优先建设公共空间与公共设施。

前海在《前海深港现代服务业合作区综合规划》中提出建设三个独立片区和两个经济带的城市规划。"三区"为桂湾、前湾、妈湾片区，"两带"为滨海休闲带与综合服务发展带。桂湾片区重点发展金融、贸易、信息、会计等生产性服务业，打造为核心商务区。前湾片区主要发展科技与信息服务等生产性服务业，同时包含医疗、文化、教育等公共服务业，打造复合功能发展区。妈湾片区主要发展航运服务、供应链管理、现代物流等专业服务业，打造供应链管理中心与组织中枢的保税港片区。滨海休闲带主要连接三大片区，集景观、生态、文化于一体的滨海公共活动带。综合服务发展带依托轨道交通，布局信息服务、都市商业、展示交易、商务交流等服务功能发展带。

前海还倡导以城市综合体为主单元的开发方式。前海重大项目尤其是重点单元综合体的建设，将以集聚全球顶级海洋科技、资本、人才、信息等资源，以及打造集聚国际先进理念的大型城市综合体、产城新地标为目标，引领中国乃至全球的海洋科技金融产业创新发展。另外，这种开发模式还包括实行以轨道交通站点为核心的站城一体化开发方式，鼓励集中成片、地上地下统一规划一体化开发，土地功能混合，建筑空间高度复合。例如，在口岸规划建设过程中，前海致力于建成集海关检验、交通枢纽、商业办公为一体的"城市综合体"。

2021年，随着前海"扩区"方案的落地，前海发展的地域空间限制得到了缓解，前海城市建设的规划思路也进行了调整。在《前海深港现代服务业合作区国土空间规划（2021—2035年）》中，前海提出了构建美丽国土空间格局的目标，即构建"双湾八廊"的生态空间格局、"一心带、双港五区"的城市空间格局、"一带四圈"的陆海统筹格局。在此基础上，前海还创造性地提出了三条控制线与城市"四线"划定。三条控制线分别指生态保护红线、城镇开发边界以及永久基本农田。城市"四线"则是指划定城市蓝线以保护河湖水系等重要水域空间，划定城市绿线保护生态安全格局，划定城市紫线加强空间统筹、规范建设行为，划定城市黄线加强交通设施管控。

在城市建设方面，扩区后的前海提出了创建绿色韧性智慧城区的目标。在市政基础设施建设方面，前海提出了智慧城区建设的八大目标，即打造多源互补的供水保障体系、集约高效的城市污水系统、韧性安全的防洪（潮）排涝体系、分类施策的再生水利用系统、坚强智能的电力供应系统、高速便捷的通信信息系统、安全可靠的燃气供应系统、环境友好的环卫设施体系。前海还通过推进能源绿色发展、提升生态碳汇能力、推广减碳技术应用打造绿色低碳城区，通过降低重大危险源安全风险水平、提升灾害综合防御标准与能力、构建城市安全空间防护格局、构建疏散救援交通网络体系、构建防灾减和应急服务设施体系、完善城市安全风险防控机制以打造安全韧性城区，通过超前部署新型基础设施、打造数字孪生城市平台、创新城市智慧化治理方式、推动智慧城市场景应用创新以打造未来智慧城区。这些城市规划和建设的创新思路和举措，为全国其他地区优化城市建设提供了宝贵的经验。

二 土地管理制度的创新设计

以 2013 年《土地供应暂行办法》为依托，前海管理局逐步创新并完善土地管理制度。作为深港现代服务业合作示范区，前海在土地整备、土地供应和管理方面有着先进经验，并形成制度创新成果。这些优秀制度成果一方面能更好地服务于前海新城建设与发展，另一方面能在深圳、珠三角乃至全国范围内体现示范效应，为其他城市提供启示。

探索差别化的土地供应方式。建立差别化土地供应新模式，是前海土地管理制度创新的亮点。从《土地管理制度改革创新要点（2013—2015年）》到《土地供应暂行办法》，前海推出的是多样化的供地方式和差别化的地价控制标准，实际是通过对不同产业用地进行区分供应，有意识地根据功能区规划实行产业引导。前海除了试行建设项目用地预申请，还探索出了其他不同的方式。诸如对于产业带动性强、项目辐射面广、事关前海发展全局的特别重大高端项目用地，试行公告出让。而滨海休闲带和水廊公园内的短期商业服务设施用地，以及其他不适宜以出让方式供地的项目，可以租赁土地。对于创新产业用地用房管理，实行"带管理方案出让"。另外，前海还致力于提高单元规划和专项规划编制水平，深化规划控制要求，实行有条件的"带设计方案"出让。前海实行的这种差别化、多样化供地方式，显然是对现行政策的一种突破性试验。其所设计的这些差别化供地方式，主要是基于深圳市在土地管理制度改革试点探索中得出的一些思考性判断或结论，将这些政策思考大胆用于前海土地管理制度创新的试点设计中，是基于对前海主体功能区产业引导的思路，同时也为工业用地的供应模式进行了实践探索。

首创梯级土地开发模式。在 2014 年前海管理局主持召开的前海城区梯级土地开发模式策划研讨会上，前海首次提出"梯级土地开发模式""生长中的前海"两个规划建设领域的创新概念。前海"梯级土地开发模式"有 5 级，分为 0 级、0.5 级、1 级、1.5 级、2 级，该模式为全国首创。其中，1.5 级土地开发模式是特色与重点，其根据基础设施建设情况和土地开发时序，选择基础设施完备、土地出让较慢、土地价值空间大的地块，建设可移动、可生长的建筑和设施，开展品牌及影响力活动，挖掘土地价值，形成滚动开发，取得了极佳的效果。

实行土地立体化管理方式。前海在全国率先创新探索土地立体化管理研究工作，制定了三维产权数据标准和立体复合用地供应管理若干规定，规范土地立体化管理，经广东省政府批准在珠三角九市复制推广。前海立体、复合、互联互通、单元开发的规划理念对前海的土地规划、供应、开发建设和运营等提出新的要求与挑战，二维土地管理与开发模式不能精细化描述、界定与管理三维产权空间，导致潜在的产权纠纷与社会风险。鉴于此，相关规定围绕立体复合开发用地空间开发建设和运营管理中的土地立体化管理问题，秉承三维立体思维，结合土地空间权利体系研究，探索形成了以三维地籍技术为核心的土地立体化管理模式，对二维管理形成补充，实现土地管理由二维向二三维联动的优化与升级，最终对产城融合起到了积极的推动作用。

三　工程建设管理的先进模式

　　自成立以来，从一片滩涂到高楼林立，前海聚磅礴之势，创未有之业，各类基础设施加速完善，各类重大项目集中推进，前海"一年一个样"。前海翻天覆地的变化，离不开科学先进的工程建设管理模式的支撑与保障。前海在工程建设管理模式方面的尝试取得了良好成效，为其他城市提供了新借鉴。

　　采用香港工程建设模式。香港工程建设模式是香港建设同类工程项目所采用的管理程序和方式，包括但不限于行政审批流程、管理构架、管理制度、接受委托专业人士执业范围、专业机构从业许可范围等。前海借鉴香港工程建设模式，与标杆性港企单位合作，将香港经验运用于同类项目开发建设，坚持国际标准，统筹谋划，推动城市公共配套和城市功能的完善。

　　香港工程建设模式实行以来，前海与香港有关单位利用前海先行先试的特殊政策和深圳经济特区立法权优势，探索更加开放、更加国际化的执业环境，并进一步探索研究规划、工程咨询、设计、测量和建造等领域取得香港执业资格的专业人士在前海直接执业和开设工程技术服务有关企业的方式，并制定配套管理办法。在建设领域深港合作过程中，前海与香港企业、香港专业人士共同探索，总结两地建设管理经验，创新出项目总建造师负责制、施工总承包模式、全过程项目管理等一些具有特色的建设管理模式，在推动内地项目管理创新上起到了示范作用，使香港的建筑设计、室内设计、景观设计、工料测量、交通分析、机电顾问等优秀企业积极参与前海的建设。

探索建设工程监管的新模式。一方面，前海引入第三方专业巡查团队开展巡查工作。在相关职能部门安全监管人员不足时，向社会招标，引进建设工程经验丰富的第三方专业巡查机构，协助、补强市相关职能部门开展工程质量安全监督工作，为前海高强度开发建设提供安全、质量、进度实时性监管服务，提高工程质量安全监管专业化和精细化水平。在巡查后针对每个项目均提出整改建议，在限定期限内对整改情况复查核实，确保整改工作落实到位，不流于形式。另一方面，前海接受社会舆情监督。每月（季度）编制第三方巡查报告，对建设工程质量、安全问题隐患和亮点汇总，根据巡查结果系统评定，出具当月（季度）安全和质量指数。在前海门户网站公示每季度建设工程质量、安全指数，接受社会的舆论监督。在工程质量安全监管新模式下，政府职能部门安全监管人员不足、巡查频次过低等问题得到了有效缓解，整个前海合作区建设工程质量品质得以提升。

四　前海新城建设的经验与启示

前海不断加大生态文明建设和环境保护体制机制改革力度，提升发展的绿色含量，争当绿色发展的排头兵，为其他城市和地区提供了"绿色"经验。

精雕城市风貌，规划绿色建筑。前海邀请全国工程勘察设计大师、北京林业大学教授等国内一流专家参与指导，成立了由 11 名景观园林领域专家及拔尖技术骨干组成的景观专家组编制设计指引，确定"疏朗、通透、简洁、大气"的风格定位和垂直层次"上层自然、中层简化、下层精致"，水平层次"留边、留白"的前海特色作为实施理念。既能凸显中国特色和前海特点，又能借鉴吸收国外城市建设经验，充分展现前海可以比肩国际标准的新形象，精细化打造前海自己的城市风貌。

前海还致力于开展绿色建筑的建设工作，逐步形成成本可负担、模式可推广、效果可持续的低碳绿色新城建设模式。近年来，前海持续推进《绿色建筑专项规划》落地，确保前海大规模集中建设绿色建筑。前海合作区高强度城市开发对资源环境的压力，决定了必须选择绿色生态的城区开发建设模式。绿色建筑专项规划系统构想了发展什么样的绿色建筑、如何发展绿色建筑这两个核心议题。规划明确前海新建公共和居住建筑100% 达到绿色建筑评价标准要求，其中高星级的二、三星级认证项目比例分别不低于50%、30%，不仅高于国内其他绿色生态城区的指标，并且也高于新加坡确定的到 2030 年 80% 的绿色建筑发展目标。

建设"海绵城市"，打造"前海水城"。前海管理局按照粤港澳深度合作示范区和城市新中心发展要求，在开展新城建设中，贯彻"前海水城"设计与"海绵城市"建设理念。作为深圳市海绵城市近期建设重点区域之一，前海开展海绵城市全过程管控研究与探索。2017 年，前海管理局编制《前海合作区海绵城市建设规划汇编》《前海合作区海绵城市建设管理办法》等管控文件，制定前海海绵城市建设目标和相关管控指标，在设计、施工和运维等各阶段提供指导性意见。管控文件要求前海海绵城市建设纳入项目"两证一书"审批中，并在地块开发、景观提升等项目中落实海绵城市理念，形成以"滞""净"为技术核心的"薄海绵"特色，控制雨水径流，减少面源污染。

按照深圳市创建新型智慧城市前海示范区部署，前海管理局持续推进"智慧前海"新型城市建设。通过完善国际化的信息通信基础设施，打造智慧新城区与智慧自贸区，前海正一步步走向未来智慧城市和数字城市最前沿，打造国际智慧城市新标杆。前海大力推动智慧技术与城市建设、城市治理相融合。一是建设前海视频云平台和智慧前海运行管理中心，提高城市治理的一体化、数字化、精细化、智能化水平。二是推动智慧停车场、智慧公交首末站等基础设施建设，搭建前海智慧交通综合管控平台。三是创新搭建前海智慧灯杆项目，实现灯杆多功能复用，为智慧照明、绿色减排、物联网、移动通信等提供支撑。四是创新开展 BIM+GIS 数字城市示范应用，推进智慧政务、智慧交通、智慧水务、智慧能源等应用建设。以连接深港的信息化、智能化城市管理平台建设为核心，打造面向未来自贸区的整体功能提升与贸易、金融高度融合的高效运转体系。

优化提升国际领先的信息通信基础设施。前海致力于建成全区域高速、泛在、融合、安全的大容量的全光纤网络。积极推动 5G 网络率先投入商用，建成高带宽的前海国际通信专用通道、国际一流的信息中心，实现 5G 网络全覆盖。前海信息通信基础设施建设模式与国内其他城市均不相同。在"智慧前海"规划中，前海在国内率先提出了"三网融合、共建共享、网运分离、公平接入"的理念，在最基础也是最核心的信息通信基础设施建设方面，要求在前海合作区内每一栋商业和住宅楼宇内都能够真正自由选择任何一家电信运营商的服务。另外，前海信息通信基础设施建设"共建共享、自由选择"模式极具特色，迎合共享经济这一社会经济发展热点，也将助力各种创新的信息通信服务在前海落地，有力支撑前海金融、现代物流、信息服务、科技服务和其他专业服务等产业的规模发展。

第四章

比较："前海模式"的
内外对比

　　前海是中国的前海，但"前海模式"蕴含的改革、开放、创新这一发展理念，却具有世界意义。尤其是对于广大后发国家而言，如何用好"新三大法宝"，制定符合自身国情的发展战略以实现跨越式发展，是一项重要的世界发展议题。本章首先从全球视角切入，提出了"地域嵌入型世界级经济平台"这一概念，旨在为理解"前海模式"的本质开辟一个新的分析视角，同时也为本章的内外比较分析提供一个统一的框架。我们不仅将前海的发展同横琴和南沙这两个粤港澳大湾区内的平台做了比较，还将其与纽约、旧金山和东京湾区核心区域的发展做了对比，以更加开阔的视野审视"前海模式"，并提出有益于促进前海发展的经验与启示。

第一节 地域嵌入型世界级经济平台

一 概念源起、内涵阐述与特征分析

何为"地域嵌入型世界级经济平台"？"嵌入"一词多用于解释两个主体之间的镶嵌关系及嵌入程度，而经济主体的嵌入性是在特定区域产生的。地域嵌入反映了嵌入主体与其所在地域的地理环境有密切的联系，其行为也受到地域特有的环境影响。经济平台或者枢纽是一种新的经济发展概念，构建经济平台已成为提升区域竞争力的重要手段。经济平台可以发挥区域平台经济的网络外部性，从而不断扩大其规模，同时带动周边地区的经济发展。"地域嵌入型世界级经济平台"就是通过营造区域经济、知识和规则一体化的市场化、法治化、国际化环境，对世界资本、技术、人才等生产要素形成吸引力和向心力，推动区域优势产业完全嵌入全球生产链，从而保持区域经济技术持续升级的世界级经济平台。

"地域嵌入型世界级经济平台"为经济发展注入动力。200多年来，尽管西方发达国家不断面临各种危机，但其科技不断进步，经济不断发展。一个核心问题是，发达国家是如何维持其科技和经济在创造财富方面的先进性的呢？我们发现，具有数个大规模"地域嵌入型世界级经济平台"的经济发展空间格局，是美国等发达国家保持其经济先进性和竞争力的关键。比如美

国的硅谷、旧金山湾区、纽约湾区和波士顿湾区及日本的东京湾区等,这些平台通过创造和提供一系列条件,每年都吸引着世界上最优质的资本、优质的技术、高端的人才。对比中国的长三角、粤港澳大湾区、京津冀、成渝等区域,若这些区域也能形成具有自身特质的产业链,在留住自己的优质资本的同时吸引优质外资,那无疑有助于中国成为高收入经济体,并且维持稳定的经济发展。

"地域嵌入型世界级经济平台"的含义可以总结为以下几点。

第一,从产业体系角度,"地域嵌入型世界级经济平台"不仅要形成城市群,还要形成技术集群、产业集群,拥有系统、完整、先进的现代产业体系。区域内形成城市群会使城市之间经济联系较为紧密,与空间范围较大的都市圈经济相比,能够更好地发挥集聚和辐射的效应。随着区域城市产业的集聚与扩散效应辐射越来越广,城市的边缘不断向外进行扩张,城市之间的合作分工也会更深入,最终实现区域经济的一体化。在系统、完整、先进的现代产业体系下,区域能够聚集更多的信息和人才资源,进而激发出创新活力,衍生出创新研发机构,研发出更多的科技创新产品。创新的发展又可以促进区域创新经济的发展,让区域在不同时期都能够具备足够的竞争力,进而保持世界领先地位。

第二,从科技创新角度,"地域嵌入型世界级经济平台"必须要拥有高端人才和配套机制。要建立科创产业的高地,人才是第一生产力，科技的核心也是人才。科技创新人才的集聚，则是通过压缩信息和知识交流的时空距离加速前沿知识的获取、吸收与碰撞，降低人才资源配置成本与人才流动的信息差，促进科技创新人才之间的学术交流，推动创新项目合作和知识传播，提高区域科研机构、企业等创新主体的知识吸收与利用能力，产生知识溢出效应和学习激励效应，来维持区域世界级的创新优势。要以开放的态度引进全球技术人才，区域内就需要有配套的机制，先进的人才机制及配套医疗、教育等政策。有了先进的政策，才能真正留住人才，从而更好地促成人才集聚效应。

第三，从规则制度角度，建设"地域嵌入型世界级经济平台"的前提是统一且国际化的规则。只有在一个统一且国际化的大规则下，生产要素才能在市场中自由流动，打破区域贸易壁垒的同时，还能降低制度成本，减少贸易摩擦。一个统一且国际化的规则将使整个市场基础制度统一、市场设施高标准联通、要素和资源市场统一、商品和服务市场统一、市场监管公平统一等多维度市场优化，使得商品和服务公平竞争的可能性大大增加。一个统一且国际化的规则将更好地促进区域内循环并与国际接轨，使其成为能够吸引优质资本进入的世界级经济平台。

二 借鉴美国经验打造科技创新高地

中国要想建立具有全球影响力的科技产业创新高地，可以借鉴美国的经验。可以看到，要成为地域嵌入型世界级经济平台，必须同时拥有以下三个条件。

第一，拥有一大批有能力进行科研的大学和机构，尤其是作为基础研究的科研机构和大学。基础科学研究始终与科技创新紧密相关，人类历史上每一次科技革命都离不开基础科学的突破。美国作为基础研究的强国，拥有发达的科技实力与科研能力，第二次世界大战后美国的基础研究也一直保持强劲的发展势头。基础研究处于从研究到应用、再到生产的科研链条起始端，是一切发展研究的基础，不仅要同国家重大战略需求结合起来，还要和经济社会发展目标结合起来。而研究型大学和机构作为基础研究的主力军，在推动基础研究高质量发展中发挥着不可替代的支撑和引领作用。

第二，拥有一大批能够把基础研究转化成应用技术的企业或者机构。作为创新高地，只能够进行基础研究是不够的，还需要将基础研究成果转化为应用技术，应用到生产和发展中。而企业是创新成果的应用端，企业应用是科技成果转化为生产力的关键环节。因此，若要提高平台的科技创新能力，还要拥有科研转化能力的企业或者机构。要鼓励企业消化、吸收创新成果，构建产学研联动创新平台，打通基础研究和应用技术创新衔接的绿色通道，建设科研创新资源开放共享机制，以此来促进关键核心技术和基础科学领域成果转化。

第三，拥有足够支撑基础科研和应用技术转化的金融支持。金融之所以能够对科技创新发挥重要作用，并非只是简单提供融资，而是在科技和产业之间充当桥梁和纽带，是科技成果产业化的润滑剂和推进器。在科技创新的早期，要给予基础研究足够的试错空间，此时资金需求小但期限长，除天使投资外很难吸引金融资金，多以财政资金或政府引导基金为主。在中期，主要是成果转化与小量生产，此时风险较早期降低但仍然较大，资金需求量上升，所需期限仍较长。政府引导基金和创投基金逐步介入，附认股权或其他增值收益的银行信贷少量介入。在中后期，主要是产业应用及大规模的推广，风险明显下降，资金需求规模上升但期限下降，一般性金融资金可以进入。总而言之，无论是在基础研究还是在应用技术转化的过程中，金融的支持都是至关重要的。

"地域嵌入型世界级经济平台"的吸引力在于提供一系列有利条件，使得资本都想进入，进入之后不会走、不想走、走不了。而中国在打造"地域嵌入型世界级经济平台"过程中的问题在于，虽然科研发展很快，但总体来说还是应用技术研究多于基础研究，甚至我们经常说的基础科学研究大多实际上还是应用性的技术。中国的第二项条件是有的，尤其是粤港澳大湾区拥有了一大批具有转化能力的企业。所缺少的是风投等金融机构，这方面需要改善。从这些条件来看，中国有很多地方可以借鉴美国建设科技与产业新高地，像京津冀、长三角、粤港澳大湾区都可以实现这个目标。比较而言，粤港澳大湾区最具备融合条件，这个区域拥有大量具有科研能力的大学和研究机构，同时拥有一大批具有高度转化能力的企业，但也有一些缺点。

三 粤港澳大湾区的短板及应对举措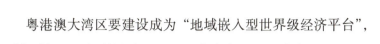

粤港澳大湾区要建设成为"地域嵌入型世界级经济平台"，必须要补上一系列的短板。这些短板包括以下几个方面。

第一，研发能力和科创能力依然薄弱，原创性科技创新不足。香港有基础研究和技术，但市场小；有人才，但就业少。香港的既得利益集团已经相对固化，很难在短时间内打破，即使打破了也可能有其他负面的效应。粤港澳大湾区的内地城市可以把香港的大学和科研体系纳入规划，尤其是和香港毗邻的深圳，在这方面可以大有作为。南沙、前海和横琴可以设立一些香港的"特区"，实行香港的制度规则，与内地对接。这些"嵌入型区域平台"有助于吸引香港人才，帮助香港年轻人了解内地和融入内地。

第二，高端制造业依然缺乏。珠江三角洲被称为"世界制造业基地"，形成了比较完整的产业链，但整体升级步伐相对缓慢，一直维持在劳动密集型技术的阶段。2008年国际金融危机之后，尽管一些地区经过转型也得到了相应的发展，但没有发挥留住和继续吸引优质资本的作用。

第三，与高层次人才配套的中小学教育环境有待改善。要想留住国际化人才，就必须注重人才的具体需求，子女教育就是其中一个重要因素。本地是否已有或正在建设优质国际化的高中、初中、小学和幼儿园，是人才关注的重点。

那么，如何建设"地域嵌入型世界级经济平台"呢？我们可从科教、"科创—制造"、金融三大平台着手，在此基础上逐步建造宜居、宜育、宜业、宜游的国际一流湾区和世界级城市群。

一是打造世界级科教平台。面向重大科学发现和关键基础科学研究，发挥好高等院校和科研院所的科技创新主体作用和基础作用，进一步推动高等教育改革，加快建设世界一流大学、一流学科；聚焦重点突破领域和"20+8"战略性新兴产业核心技术，建设全球一流的科研载体群。此外，加快人才蓄水池作用的重大科学研究平台和载体的建设，进一步推动顶尖人才的聚集。相较于世界其他湾区，粤港澳大湾区教育资源仍有不足，广州、深圳资源略为丰富，香港目前虽有几所享誉世界的大学，但本地人口不足以支撑优质生源。鼓励内地与港澳相关大学全面放开在大湾区招生，一方面实现教育资源共享流通，另一方面可以通过教育实现观念融合、认同融合。

二是打造世界级"科创—制造"产业平台。打造这样的平台至少需要三个条件，首先要有科技创新和技术，其次要有风险投资机制，最后要有把技术转化为产业的企业。香港科创业已经具备成熟的风投体系，拥有足够的人才储备，但由于制造业已转移到珠三角，因而缺乏具有转化能力的企业。内地有大量基础研究和转化能力强的企业，但缺乏真正的风险投资。从这个角度看，粤港澳大湾区内地城市与香港非常互补，应共同打造世界级"科创—制造"产业平台，畅通风投资本进入渠道，服务壮大湾区科创与制造产业。《关于金融支持粤港澳大湾区建设的意见》提出"支持港澳私募基金参与粤港澳大湾区创新型企业融资",便是一种尝试。

三是打造世界级金融平台。香港是国际金融中心,深交所等金融机构在服务实体经济方面也发挥着重要作用。要保持产业发展及国际竞争力,大湾区可探索金融双中心体系,一种是为实体经济服务的金融,可依托广深发展,服务实体企业;另一种是可与华尔街竞争的国际金融,可依托香港发挥作用。

此外,统一且国际化的规则是建设世界级经济平台的前提。在国家统一市场建设过程中,粤港澳大湾区可以积极发挥作用。将极具国际化的香港规则引入大湾区,在香港规则的基础上再增加内地规则,以点带面将粤港澳大湾区的规则对接起来。大湾区是内循环与外循环的一个连接点,也是"21世纪海上丝绸之路"的起点之一,需要梳理与粤港澳规则衔接清单,形成大湾区统一规则。在实施过程中充分利用横琴、前海、南沙三个重大平台作规则对接,建成大湾区统一市场,后向四方扩散,向北往湖南、长三角对接,向西往海南岛,向东往台湾、福建,进而推动全国统一大市场建设。

◆ 第二节 前海、横琴、南沙三大平台对比

2019年2月,《粤港澳大湾区发展规划纲要》提出,将深圳前海、广州南沙、珠海横琴定位为大湾区共建的粤港澳合作发展平台,充分发挥三大平台在进一步深化改革、扩大开放、

促进合作中的试验示范作用，拓展港澳发展空间。2021 年 9 月，中共中央、国务院印发《前海方案》和《横琴粤澳深度合作区建设总体方案》（简称《横琴方案》）。2022 年 6 月，国务院印发《广州南沙深化面向世界的粤港澳全面合作总体方案》（简称《南沙方案》），为三大平台擘画了新的蓝图。2023 年 1 月，广东省召开高质量发展大会，省委主要领导对三大平台开发建设提出新任务和新要求。三大平台发展的对比能够更加清楚地呈现前海的特色、发展现状以及面临的相关问题。

一　发展定位与目标

不同区域的发展有不同的侧重点。根据各自的区位和比较优势，横琴侧重于为澳门提供服务，前海则专注于支持香港，南沙的目标是深化粤港澳全面合作。《横琴方案》明确了横琴的四大定位：建设促进澳门经济适度多元化的新平台、为澳门居民提供便利的新空间、丰富"一国两制"实践的新示范、推动粤港澳大湾区建设的新高地。《前海方案》关注"扩区"和"改革开放"两个重点领域，旨在支持香港和深圳在前海深化合作，共同打造大湾区全面深化改革创新试验平台和高水平对外开放门户枢纽，为香港的经济发展提供更广阔的空间，同时为深圳乃至整个内地的改革开放积累经验。《南沙方案》突出强调"粤港澳全面合作"和"面向世界"两个关键点，特别强调与港澳协同合作，共同扩大对外开放。

横琴、前海和南沙都将制度型开放作为重点。横琴和南沙侧重于粤港澳合作平台的构建，而前海则注重凸显引擎作用。《横琴方案》提出了三个发展阶段的目标，其中包括确立粤澳共建共管共享的体制机制、促进创新要素和特色产业集聚发展、推动公共服务和社会保障体系的衔接，以及构建横琴与澳门一体化的发展格局，最终改变澳门经济单一化局面，实现适度多元化发展。《前海方案》提出了前海发展的新目标，表明要建立健全高水平、高层次的开放型经济新体制，打造世界一流水平的营商环境，与港澳协同推动现代服务业创新发展。该方案进一步提出，要在 2035 年之前建立起全球资源配置能力强、创新策源能力强、协同发展带动能力强的高质量发展引擎。《南沙方案》的侧重点在于建立粤港澳联合创新体系、提升青年创业就业合作水平和公共服务水平，以及打造国际一流的营商环境。它将成为粤港澳合作的重要平台。

总的来看，前海、横琴和南沙三大平台的建设和发展既是层级协调的结果，也是其各自基于比较优势错位发展的结果。这里面的层级协调，既包括中央、省以及属地政府三个层面的政策协调，也包括政府、产业以及民间（企业）三个维度的协调配合。三大平台各自的要素禀赋、区位优势和产业基础各不相同，因地制宜地被赋予了区域融合发展的新使命。因此，这三大平台都是我们探索政府与市场关系的新举措，是社会主义市场经济体制创新的典范。

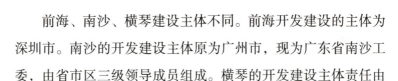

二　治理模式的差异

前海、南沙、横琴建设主体不同。前海开发建设的主体为深圳市。南沙的开发建设主体原为广州市，现为广东省南沙工委，由省市区三级领导成员组成。横琴的开发建设主体责任由省横琴工委、省政府横琴办和澳门方承担。

《前海方案》在扩区的基础上，推动以法定机构承载部分政府区域治理职能的体制机制创新，进一步深化行政区与前海的共商共建。其着力探索前海的治理模式，实现更加高效的区域发展和合作。《南沙方案》提出研究和探索引进港澳人士和国际化人士参与区域建设管理，在借鉴前海的法定机构改革经验的基础上，因地制宜，探索并实施适用于南沙的法定机构治理模式。通过打造更具国际化水平的区域建设管理，为粤港澳合作提供重要参考。《横琴方案》的重点在于构建粤澳共商共建共管共享的新机制，以使澳门方面能更深度地参与到合作区的开发和建设中。横琴方案能够充分调动澳门相关部门和企业的积极性，更大程度发挥"一国两制"的优势。

三　空间布局与产业政策

前海、南沙和横琴三大平台在空间布局上各具特色和优势。前海具备完备的海陆空交通条件，南沙拥有广阔的发展腹地，横琴区域条件良好。《前海方案》提出进一步扩展前海合作区的发展空间，总面积由 14.92 平方千米扩大至 120.56 平方千米。目前可开发用地已不足 10 平方千米，但前海合作区拥有完善的海陆空铁交通设施，是三大平台中地位最为突出的枢纽区域。

南沙的发展潜力巨大。《南沙方案》的实施范围覆盖整个南沙区域，按照逐步推进的建设时序，其中的三个区块先行启动，总面积为 803 平方千米，可开发用地面积达 240 平方千米。南沙起步晚，目前的开发建设强度仅为 23%，所以未来发展仍有巨大的空间。《横琴方案》明确合作区实施范围为横琴岛的海关监管区域，总面积约为 106 平方千米。横琴区域可划分为与澳门特别行政区相连的"一线"区域和与内地相连的"二线"区域。《横琴方案》探索了类似自由港的监管模式，促进了横琴与澳门的设施互联互通，使监管更加紧密配合。

前海和南沙分别以现代服务业和科技创新产业为核心，而横琴以促进澳门经济适度多元化的新产业为重点发展方向。《前海方案》致力于推动现代服务业的创新发展，涉及金融、商贸、信息服务、文化创意、会展业等领域。同时，方案加快科技发展体制机制的改革和创新，涉及人工智能、健康医疗等港澳优势科技领域以及海洋科技等前沿科技领域。2022 年，前海深入实施了全球服务商计划，招引和培育了金融、商贸物流等八类全球服务商。2023 年，前海提出了建设六大集聚区，即风投创投集聚区、大宗商品贸易集聚区、融资租赁集聚区、跨境电商集聚区、财税服务集聚区、高端智库集聚区。

《南沙方案》将科技创新产业合作基地的建设作为首要任

务，并提出以国际航运物流产业为重点打造高水平对外开放的门户。2023 年，南沙还推出了升级版的产业政策体系。该体系一方面提出了 30 条共性核心政策，全面支持企业发展。另一方面，还推出了 10 项特色专项政策，对于科技创新、元宇宙、集成电路、商业航天、独角兽企业、专精特新、离岸贸易、外商、外贸、港澳青创等不同领域进行有针对性的政策支持。此外，还采取了一系列措施来促进专精特新中小企业的高质量发展，并在人才入户、子女入学、用电保障等方面给予支持。

《横琴方案》提出了四大产业重点发展领域，包括科技研发和高端制造业、中医药和食品保健品产业、文旅会展商贸产业以及现代金融产业。一直以来，横琴积极推动粤澳集成电路设计产业园、粤澳先进智能计算联合实验室等高水平平台的落地，成效显著。集成电路重点企业的营业收入同比增长近 60%。粤澳合作中医药产业园注册企业已达 233 家。在中国证券投资基金业协会存续登记的私募管理规模已超过 6100 亿元，一些超大商业综合体和基金也在该区域进行实体运营。

四 税收优惠政策

《南沙方案》针对先行启动区的鼓励类产业，实行减按15% 税率征收企业所得税。企业所得税优惠目录涵盖了南沙重点产业发展方向和重点环节，涉及高新技术重点行业（细分为 4 小类、35 条）、信息技术、先进制造、生物医药、新能源与新材料、航运物流、现代服务业、金融业 8 大类，共计 140 条措施。同时，《南沙方案》进一步延长了亏损结转年限优惠政策，将未弥补完的亏损结转年限从之前的 8 年延长至最长 13 年。在上述产业优惠目录中，符合条件的高新技术企业可同时适用两项优惠政策。

《横琴方案》在企业所得税优惠方面范围广泛、减免力度大，并采取多种减免方式。《横琴方案》明确了横琴粤澳深度合作区企业所得税政策，主要借鉴了海南自贸港政策，涵盖了 9 大类、150 条措施。其中，合作区符合条件的产业企业减按 15% 的税率征收企业所得税；对在合作区设立的鼓励类产业企业新增境外直接投资所得免征企业所得税，鼓励横琴企业扩大对外投资，吸引全国知名企业在横琴落户，并通过横琴作为平台进行海外投资。此外，对符合条件的企业资本性支出，允许在当期一次性税前扣除或加速折旧和摊销。相对于全国性税收政策，除房屋、建筑物以外的固定资产可一次性扣除，新购进的无形资产也可一次性扣除，以减轻区域内企业的税收负担，鼓励企业加大投资力度。

《前海方案》尽管未提及企业所得税相关内容，但自 2021 年 5 月开始，合作区的企业所得税优惠政策延长，并增加了优惠目录的产业类型至 5 大类、30 项。然而，与其他两个合作区相比，前海的财税政策红利相对较弱。当然，通过税收优惠吸引企业和投资仅仅是前海发展迈出的第一步。展望未来，前海将通过不断优化营商环境，深化制度型开放，走出一条高质量发展的新路。

五　其他配套政策

规则衔接与机制对接层面，前海和横琴侧重于与港澳在现代服务业及市场监管规则方面的对接，南沙则强调与高标准国际经贸规则的对接和衔接。《前海方案》将规则衔接和机制对接作为重点内容，涉及现代服务业发展的体制机制、国际法律和知识产权规则等领域，但与高标准国际经贸规则的对接内容相对匮乏。《南沙方案》侧重于国际自贸协定规则和与港澳的公共服务、社会管理规则的衔接，更加突出南沙面向世界的发展定位。《横琴方案》侧重于与澳门的民商事规则、金融规则以及市场监管规则的衔接。

在区域一体化发展层面，横琴以分线管理为基础实施琴澳一体化开放，前海和南沙则重点推动要素的跨境流动。《横琴方案》以构建与澳门一体化高水平开放的新体系为重点，推动人员、资金和数据的跨境流动，建立高度便利的市场准入制度。基于分线管理的特殊监管体制和发展基础，横琴在货物流动方面实行"一线"放开、"二线"管住的制度设计，实现从要素到市场、从机制到空间的一体化发展。《南沙方案》提出加强与港澳的交通衔接，加快建立南沙枢纽与香港的直接交通联系等。要素自由流动的深层次发展必须以高效联通的基础设施为支撑，前海与香港相望，需要进一步研究加强与香港的"硬联通"，推动区域一体化发展。

金融市场互联互通层面，横琴明确以业态、机构及资金为支撑，形成促进现代金融业发展和创新跨境金融管理的两条发展主线。《前海方案》提出支持国家扩大金融业对外开放的政策措施在前海合作区落地实施，在与香港金融市场互联互通、人民币跨境使用、外汇管理便利化等领域先行先试，在业务创新、标准对接、机制探索、监管及风险控制领域提出试点业务和探索方向。《南沙方案》则以机构设立、业务创新和监管合作为方向推进与港澳金融市场互联互通，进一步提出设立粤港澳大湾区保险服务中心、粤港澳大湾区国际商业银行等合作平台。《横琴方案》通过降低对澳资设立金融机构准入门槛等方式支持现代金融业发展；通过构建电子围网系统，推动合作区金融市场率先开放；围绕创新跨境金融管理，提出与港澳离岸金融市场加强联动，探索在跨境投资、跨境融资、跨境资产转让等方面提高资金汇兑的便利化水平，探索跨境资本流动和推进资本项目可兑换。

在跨境数据流动层面，横琴聚焦跨境数据传输业务试点和与澳门科研数据互联互通两个领域，前海和南沙以平台与试验区建设为重点。《南沙方案》明确要求推动建设南沙（粤港澳）数据服务试验区，建设国际光缆登陆站。《横琴方案》将"促进国际互联网数据跨境安全有序流动"作为方案的 29 项主要举措之一，还提出研究建设固网接入国际互联网的绿色通道。2023年 4 月，粤港澳大湾区首个跨境数据验证平台在横琴上线运营。《前海方案》则重点以跨境贸易大数据平台建设为支撑，推动境内外口岸贸易数据互联。此外，2023 年 11 月，深港跨境数据验证平台建设工作正式启动。该平台是深港推进跨境数据安全、便捷验证，探索建立开放型、合作型、示范型跨境数字服务融合的创新实践，由国家（深圳·前海）新型互联网交换中心、深圳市属国企深智城集团（深圳征信）、香港科技园、前海微众银行等机构运用区块链技术创新打造。这是前海积极探索数据跨境双向流动的新机制，通过建设运营数据服务平台，实现深港两地数据互联互通，为探索数据跨境应用的新方式贡献力量。

在放宽市场准入层面，横琴着重强调建立便利的市场准入制度，并计划制定特别措施以放宽市场准入。《前海方案》提出依法合规地探索减少互联网融合类产品和服务市场准入限制。《南沙方案》则推进市场准入和监管体制机制改革试点，加快建立全方位、多层次、立体化的监管体系，实现事前、事中和事后的全链条全领域监管体系，积极推进部门联合的"双随机、一公开"监管和企业信用风险分类管理。《横琴方案》以澳门产业特色为基础，布局现代产业体系，以满足澳门经济适度多元发展的需求为目标，支持发展科技研发、高端制造、中医药、文化旅游、会展商贸等特色产业体系。同时，横琴将实施市场准入承诺即入制度，严格执行"非禁即入"原则，并探索进一步放宽投资者资质、持股比例等限制，制定特别措施以放宽市场准入。

在创新创业支持层面，三个地区都推出了多项政策措施，涉及创业平台、服务体系和创新基金等方面。《前海方案》提出建设高端创新人才基地，并完善国际人才服务、创新基金、孵

化器、加速器等全方位的配套支持措施，以促进基础研究成果
向产业创新的转化。创新创业和科技金融是深圳及前海的优势
领域，因此需要进一步加强创新引领的工作。《横琴方案》鼓励
社会资本按照市场化原则，设立多币种的创业投资基金和私募
股权投资基金，以吸引外资加大对高新技术产业和创新创业的
支持力度。

在政务服务及社会服务层面，横琴和南沙都建立了涵盖粤
港澳社会民生和管理合作的政策体系，而《前海方案》在政务
及社会服务方面的举措相对较少。《南沙方案》提出了一系列举
措，旨在提升公共服务和社会管理的相互衔接水平，稳步推进
粤港澳教育合作。便利港澳居民在南沙地区的就医和养老，包
括配合香港建立医疗机构的"白名单"制度，并将南沙白名单
医疗机构纳入香港医疗费用异地结算单位。此外，在南沙还计
划打造高等教育开放试验区，建设高水平高校集聚地和大湾区
高等教育合作的新高地。《横琴方案》则提出加快推进"澳门新
街坊"建设，以对接澳门的教育、医疗和社会服务等民生公共
服务和社会保障体系，允许指定医疗机构使用符合要求的澳门
药品和医疗器械，支持粤澳共建区域医疗联合体和区域性医疗
中心的发展，从而有效拓展澳门居民的优质生活空间。

在服务企业走出去层面，前海和南沙都提出了健全企业
"走出去"的保障机制，其中前海重点关注服务合作区企业，而
南沙则提出建设中国企业"走出去"的综合服务基地。《前海方案》
提出了健全投资保险、政策性担保和涉外法律服务等海外投资

保障机制，并充分利用香港作为一个与国际接轨的专业服务中心，以支持前海合作区企业的国际化发展。《南沙方案》要求整合珠三角地区的优势产能和国际经贸服务机构等资源，加强与香港专业服务机构的合作，共同构建线上、线下一体化的国际投融资综合服务体系。前海重点发展现代服务业，且地理位置靠近香港，可以充分利用香港专业服务业的优势和资源，建设成为中资企业"走出去"的服务集成基地。

前海、南沙、横琴三大合作平台在战略定位上各有侧重、相辅相成，目的都是在重点领域和关键环节先行探索、积累经验，"以点带面"，引领带动粤港澳全面深化合作，从而拓展港澳地区的发展空间，支持港澳经济社会发展，推动粤港澳大湾区持续发展，服务国家发展大局。前海、南沙和横琴三大合作平台在各自领域取得了令人瞩目的发展成效，注入了新的活力。前海成为粤港澳大湾区重要的金融业中心，吸引了大量外资和投资项目，实际使用外资占深圳市总量的一半以上，金融和跨境人民币贷款业务取得突破性进展。前海在打造国际化城市新中心、现代服务业发展高地方面也取得了很好的成绩。前海的制度创新也为深圳、香港和粤港澳大湾区的发展作出了积极贡献。南沙在青年创业就业合作、对外开放和规则衔接机制建设取得显著进展。南沙高水平的对外开放和规则衔接能力使其成为重要的吸引外商投资的门户。横琴自贸片区通过制度创新和高标准国际贸易规则对标，在政务服务、通关便利、科技创新等方面取得显著进展。横琴吸引了大量科技型企业注册，建设了一批科技创新平台，加快基础设施建设和民生改善，提高了营商环境质量和通关效率。

作为"新生事物"，三大平台都很年轻，在短时间内能够取得如此佳绩，实属不易，推动三地发展的行政机构和相关政府部门的努力值得肯定。随着改革和创新的不断深化，这三个平台有望继续发挥核心引擎的作用，为经济发展作出更大贡献。

从目前的情况来看，前海的发展成效总体而言优于南沙和横琴，这与南沙起步较晚和横琴的区位优势相对较弱有关。但同样不能否定的是，前海管理局作为法定机构在行政效率上具有优势，前海在探索完善法定机构运作模式上已经取得了阶段性的成果。因此，《南沙方案》提出借鉴前海的法定机构改革经验，探索实施法定机构治理模式，是十分正确的决策。

第三节　前海与主要世界级湾区核心区域的比较

从地理的角度看，湾区是被一片海湾所环绕或穿过的区域。通常位于较大的水域旁，这些水域可能是自然形成的海湾、湖泊，也可能是人工开挖的运河或港口。从经济学角度看，湾区是区域经济融合发展的重要载体。湾区普遍具备自然禀赋的优势，规划有高效的资源配置系统，具有较强的外溢效应，能促进区域经济和社会的发展。世界级湾区往往是一个国家或地区经济增长和科技创新的引擎，大量财富与高端要素资源在这里聚集，不仅具有强大的区域凝聚力和辐射力，甚至对全球经济、科技等方面产生较大影响。当前，纽约湾区、旧金山湾区和东京湾区是公认的具有全球影响力的湾区，经济结构开放，资源配置能力强大，集聚外溢效果显著，国际交易网络发达，表现了高度的国际性、开放性、创新性和宜居性，在全球发挥着引领创新、聚集辐射的核心功能。这三大湾区的经济发展已较为成熟，并各自形成了自身的发展特色和模式特征。粤港澳大湾区在中国具有重要的发展战略地位，近年来随着改革的进一步深化，开放程度和创新活力不断增强，凸显了卓越的经济优势和产业优势，已初步具备形成世界级湾区的基础条件。[①]

在已成熟的湾区中，纽约湾区的功能定位是世界金融中心、商业中心和国际航运中心。旧金山湾区则在高新技术产业、旅游业等领域表现出色，科技创新型湾区是其最大的特征。东京湾区作为名副其实的"产业湾区"，依托庞大的产业规模影响着世界。粤港澳大湾区作为湾区中的后起之秀，形成了较为成熟的海港经济区，且具备现代化交通体系、较为完善的基础设施和良好的投资环境，为产业、资本、人才集聚提供了保障。同时，湾区还具备自贸试验区的功能，在打造全球贸易中心、科技创新中心、产业创新中心和金融创新中心方面均存在巨大潜力。前海作为粤港澳大湾区融合发展的重要引擎，需要在全球湾区比较的宏大视野下，设计下一阶段的改革、开放和创新战略，从而助力粤港澳大湾区向全球领先的世界级湾区迈进。

---

① 本节的研究主要参考了陈金海、范伟军《世界湾区发展指数研究报告（2022）》，社会科学文献出版社 2023 年版。

一 纽约、旧金山和东京湾区发展历程

纽约湾区——区域规划破州界,功能互补齐发展。

纽约湾区是美国乃至全球经济最为发达的地区,以占比极低的土地面积,创造了美国 8%—9% 的 GDP。纽约湾区从以纽约市为发展核心,到连同纽瓦克市、新泽西市等重要城市形成湾区城市群,其历经了多次产业转型,实现了从美国早期的制造业中心转变为金融中心,再到以知识经济为主导的全球科技创新高地。纽约湾区的成功转型,既有区域合理规划、统筹布局的因素,也有跨州行政管理局限被打破、各区功能定位错位发展等其他因素的影响。正是在这一系列因素的作用下,纽约湾区才能成为集开放型经济结构、具备国际竞争力的现代产业体系、强大的原始创新能力于一身的国际知名湾区。

一是区域规划推动湾区实现跨区域发展。

纽约湾区的形成与美国经济的发展息息相关,更与其港口的天然优势存在着紧密联系。19 世纪末 20 世纪初,纽约凭借世界优良天然深水港之一的纽约港,在汇聚世界各地移民、聚集财富、对外贸易等方面表现了极大的活力,促使纽约成为美国的制造业中心、区域贸易中心和金融中心。随着经济贸易的迅猛发展和资本的大量流入,纽约以美国第一大港口城市之力迅速带动波士顿、费城等周边港口城市快速发展。

1929 年,纽约区域规划协会(RPA)出台了《纽约及其周边地区的区域规划》。该规划是纽约第一个长远性的、区域性的

纽约大都市区总体规划，也是一次具有里程碑意义的规划创新和改革，展现了一种全新的发展和管治思路。为了克服传统城市区划的局限，还提出跨越行政边界来建设有活力、宜居、可持续的城市社区。该规划以"再中心化"（re-centralization）为核心目标，从区域整合发展出发，着重针对跨州共同事务提出解决措施，以推动纽约及周边区域的协调发展。规划内容涉及经济、基础环境、交通和公共空间等内容，包括构建公路、铁路和公园网络，以及居住、商业和工业中心，作为该区域物质和社会发展的基础。同时制定了建立开放空间、缓解交通拥堵、集中与疏散、放弃高层建筑、预留机场用地、细化设计、减少财产税、建设卫星城等十项政策。

到 20 世纪 60 年代，纽约湾区进入工业化后期发展阶段。随着公路建设基础逐渐完善和越来越多人选择以汽车出行，城市郊区化发展趋势愈演愈烈，老城区中心空心化、城市交通资源紧张、环境恶化等问题日益凸显。为了解决郊区蔓延和城区衰落等问题，1968 年 RPA 发布了纽约第二次区域规划讨论稿。规划以如何平衡城区与郊区发展为问题导向，围绕核心目标"再集聚"，通过住宅更新、交通规划、环境改善等五项基本原则，解决大都市区的发展问题。此次区域规划使得三州地区约 40 万公顷面临危险的生态空间得到保护，推进了纽约城市地铁与多个郊区铁路系统合并运行，并与大都市区运输中心和新泽西州的运输系统联系起来。此举带来了数十亿美元的新增投资计划，为纽约大都市区域在 20 世纪 80 年代出现增长高潮奠定了基础。

　　进入 20 世纪 90 年代，纽约大都市区经济增长缓慢，可持续发展和全球领导地位面临挑战。在此背景下，RPA 以"危机挑战区域发展"（A Region at Risk）为题发布了第三次区域规划。RPA 认为纽约作为国际中心城市，要想保持集中全球资本的能力，需要长期规划与相对适度的投资。从长远来看，加强对基础设施、社会、环境与劳动力的投资将使该地区获得可持续的经济增长。区域繁荣活力和生活质量的基础需要由经济、环境与公平（规划中统称为"3E"体系）共同构成。为此，第三次区域规划的目标在于通过投资与政策的实施来重建"3E"体系，并提出通过绿化（Greensward）、中心（Centers）、流动性（Mobility）、劳动力（Workforce）、管理（Governance）五大基本要素来整合"3E"，促使"3E"体系内部充分互补、共同发展，进而重塑区域的经济和活力，增强区域的全球竞争力。

　　到了 21 世纪，RPA 于 2014 年发表了关于纽约湾区发展的评估报告——《脆弱的成功》，指出该区域总体取得了进展，但很多人并未从这一增长中获利，且区域面对自然灾害越来越脆弱，政府机构却未能解决大多数棘手问题。因此，RPA 在全面评估区域面临的严峻挑战后，开始编制第四次区域规划。2016年，RPA 发表了阶段性成果《绘制新航线》，提出了实现多个愿景的增长模式，奠定了 RPA 的基本目标和走向。2017 年年底，RPA 正式发布了第四次规划《共同区域建设》。此次规划进一步体现了以人为本的发展需要，围绕"区域转型"，确定了"经济机会、宜居性、可持续性治理和财政"四方面议题，旨在创造就业，改善商业环境，促进经济增长。在社会服务方面，减少家庭的住房开支，为居民提供更加富裕的生活、更多的教育机会和更便利的交通设施。主要包括以下措施：对纽约大都会运输署和纽约港务局进行改革，以降低新建交通项目的花费；实现地铁系统的扩张与现代化建设，并对区域铁路网进行扩张整合；在所有社区保留并建立经济适用房；建立区域近海委员会与州调整基金等。

二是打破行政区划局限、实施跨州管理。

相比其他湾区，纽约湾区的特殊之处在于它是一个跨州建设的大都市区。众所周知，美国的州都拥有高度的自治权，州与州之间有着严格的行政壁垒。纽约湾区地跨多个行政区，湾区经济的发展、资源的集聚，都需要各行政区政府、政企之间的沟通和协作，纽约湾区的发展必须以强大的跨行政区发展协调力度作为支撑。纽约湾区之所以能够打破行政区划，成功地实施跨州规划，得益于纽约区域规划委员会和大都市圈规划组织（MPO）的存在。

湾区的发展与规划过程是一个复杂、长期的区域规划过程。区域规划是一种进步的适应社会变化的方法，区域是解决大城市发展问题较为合适的空间平台。若想要区域发展做得更好，就必须设立有法定资格的、有规划和投资权力的区域性权威机构，而纽约区域规划委员会和 MPO 正是这样的机构。作为纽约湾区独立的统一规划组织，MPO 等机构将多个州有力整合在一起，并以长远的目光看待湾区整个区域的协调发展。设立这样的跨州协调机构，大大节省了跨区域事务处理的时间、人力和物力成本，提高了规划效率，还增强了跨行政区发展的协调性。也正是因为纽约湾区打破行政区划的局限，实施跨州管理，将纽约湾区周边的城市纳入"一盘棋"考虑，打通了州与州之间的阻隔，才产生握指成拳的合力，形成集群效应，成就了纽约湾区的辉煌。

根据纽约湾区的规划安排，其规划管理为多方联合，由区域委员和 MPO 分别负责经济发展和交通建设的协调规划工作。此外 MPO 等机构还善于利用外部力量，注重公众建议。比如，RPA 就是民间智库的典型。从 1922 年成立至今，RPA 对纽约湾区提出了四次规划方案，其中很多重点建设策略得到了实施或作为规划依据建议，这个致力于区域规划探索的非政府机构成为纽约湾区近百年发展的最重要因素。在以往由政府独立发挥作用的区域规划公共事务领域，纽约大都市区的规划实现了由"第三部门"纽约区域规划协会组织制定和推行，从而突破了行政地域空间的限制和行政体制的制约。创造性提出了独特的政府、企业和"第三部门"参与合作的规划实施模式，也为世界提供了一个由"第三部门"主导制定和实施区域规划的成功范例。

纽约湾区打破了各自为政的行政区划格局，意义在于突破行政边界对大湾区经济融合所造成的限制与阻碍，提升湾区经济作为一个整体的发展效率和发展水平。纽约湾区虽然是由城市群构成，但通过顶层设计和统一规划，在基础设施建设、经济一体化融合等领域取得了重大进展和突破，为要素市场和产品市场的快速发展创造了条件和机遇。一方面，对纽约湾区进行宏观层面的顶层规划配置；另一方面，对纽约湾区内各个城市的短期规划和长期规划进行动态跟踪与修订，从而确保了规划能够充分满足湾区经济发展的实际需求。

三是区域形成功能互补与错位发展格局。

在推进湾区协调发展过程中，纽约湾区形成了较强的功能互补、错位发展格局。以纽约为代表的核心城市与周围城市形成较为合理的地域分工和产业链的深度融合，并充分带动湾区整体发展。

在纽约湾区发展为城市群阶段之前，纽约凭借纽约港的深水港优势，联通欧洲大陆，形成了发展外向型经济的良好条件。在此阶段，纽约湾区中心城市的产业竞争力集中在制造业领域。随着美国经济结构调整以及城市化进程变迁，技术进步带来的产业更替，制造业企业成本提升，全球制造业格局调整。多方因素综合影响下，纽约湾区的产业结构发生改变，以纽约州为代表的湾区制造业产值占比下滑了11个百分点，其他州的制造业产值占比均呈现明显的下滑趋势，制造业逐渐式微。进入后工业化阶段，美元霸权的逐步建立推动了金融保险、专业服务等服务业快速兴起。以华尔街为代表，这里拥有纽约证券交易所和纳斯达克两大交易所，聚集了100多家国际著名的银行与保险公司的总部，纽约湾区成为名副其实的"金融湾区"。

进入 21 世纪后，随着美国制造业的继续衰退、知识经济的崛起，纽约湾区的就业结构也出现了明显变化。且 2008 年国际金融危机爆发后，纽约湾区在保持金融领域的绝对优势以外，为挖掘区域发展的新动力，再一次选择产业升级。以创意产业和科技创新产业为代表，它们成为纽约湾区发展亮眼的两大产业。其中，纽约的科技创新产业通过研发各种信息技术，为时尚传媒、金融商业等领域提供先进的改进优化解决方案，进而实现科技创新与其他产业的深度融合。

在产业布局上，纽约湾区立足核心区与外围区的比较优势，建立了产业分工的雁阵布局体系。在湾区的雁阵布局体系中，核心区扮演着经济增长点和发动机的角色，是高端要素、产业集聚的区域，在产业价值体系中占据了附加值较高的环节；外围区发挥着承接核心区产业转移和配套设施的功能，布局主要是与核心区产业关联度较高、处于价值体系中间位置的产业部门。纽约湾区的曼哈顿华尔街一带就是金融资本和交易所云集的地方。这种产业布局模式还带来了局部的"雁阵演化"，即发生在核心城市和上游产业的科技创新能够产生显著的圈层扩散效应，产业结构的转型升级和竞争优势的更替演化依次从核心功能区向外围协同区传递，从而能够最大限度地发挥产业链上下游环节之间的协同效应。

纽约湾区内部区域定位也具有明显的功能划分。其中，纽约州拥有美国最大的港口，交通极为发达，货物运输便利。同时聚集了多家世界知名跨国银行以及著名金融集团，拥有自由开放、监管完善、制度健全的证券市场，金融业极度繁荣。此外，纽约服装、化妆品、机器制造、石油加工及食品加工等制造业在美国占有重要地位，商业和生产性服务业也十分发达，近年来以纽约市、布鲁克林市为代表的城市文化创意产业、科技创新产业发展迅猛。新泽西州是世界制药业中心和高端服务中心。新泽西州的制药业在美国排名第一，聚集了默克集团（Merck）、罗氏集团（Roche）等世界上前40大生物制药和医疗技术公司的总部及中心。同时作为全美科学家最集中的地区，私人资助的科研规模在美国居于第一位，专业技术服务业也十分发达。康涅狄格州则是传统"高精尖"制造业重镇，其军工及装备制造业举足轻重，素有"美国兵工厂"美称，航天航空、运输装备制造业享誉全国。除了制造业，康涅狄格州亦被称为"保险之州"，州内聚集了100多家保险公司的总部，同时全美国1/3的对冲基金也聚集于此。

旧金山湾区——科创风投新助力，高教促进产学研。

旧金山湾区的发展呈现出较为显著的从"单中心集聚"走向"泛网络化"功能联动与一体化的发展态势，先后经历了不同的转型，其演进过程大致分为淘金期、工业化时期和创新经济时期三个阶段。淘金期，由丰富的矿产资源与黄金资源带来的"淘金热"，吸引了大量的人力与资本聚集，导致湾区人口与资金迅速增长。同时，在采矿业对机械设备的需要以及大量移民对生活物资的需求下，以制造业和金融业为代表的轻、重工业也得到迅速发展。至19世纪末，旧金山市成为加利福尼亚州乃至美国西部地区最大的工业城市。随着工业的快速发展，湾区制造业在第二次世界大战时期呈现空前繁荣的发展特征，在海陆空网络布局基础上，旧金山一些制造业传统部门逐渐向周边城市扩散和辐射，形成快速发展、蔓延的态势。旧金山逐渐摆脱了对物产资源的依赖，从传统冶金模态发展为多样化、多元化的都市区模态。到了创新经济时期，旧金山湾区的服务业趋向越发明显，金融业成为湾区的重要产业，金融、投资及其交易构成了湾区经济的重要组成部分。在新科技革命的浪潮下，旧金山湾区成为高技术公司创业的沃土，其中硅谷就是典型代表。与此同时，旧金山湾区也成为风险资本汇集最多的地方。

一是营造良好的科技创新生态环境。

旧金山湾区能从工业经济向知识经济和信息经济成功过渡，并形成以信息产业为龙头的新型产业结构，离不开旧金山湾区良好的科技创新生态环境。旧金山湾区拥有宽松的营商环境、独有的融资渠道、充足的人才资源、创新创业精神，使得旧金山湾区成为领导世界新潮流的源头。其独特的创新体系与风险投资体系，是取得成功的核心要素。

旧金山湾区的制度创新为湾区腾飞提供了保障。湾区内成立了旧金山湾区政府协会、交通委员会等多种组织，明确了湾区内城市与港口的角色定位，协调湾区内各城市之间的矛盾，加强湾区内的分工协作体系运作安排。旧金山湾区先后成立了多个公私部门协作机构，从而形成包括区域总部、法定机构与公益组织在内的网络化治理结构。2017年，旧金山湾区建立了新的地区机构总部，其核心部门包括湾区政府协会、大都会交通委员会、湾区空气质量管理局、旧金山湾保护与发展委员会，涵盖了政策、交通、环境等众多公共领域。职能上，新区域总部与湾区内的市县政府合作，通过划定优先发展区与优先保护区等宏观政策引导，促进区域可持续发展；湾区政府协会与大都会交通委员会则共同承担着区域规划的制定工作，每4年更新一次。旧金山湾保护与发展委员会则在加利福尼亚州海岸委员会、旧金山海湾恢复局及拯救海湾等公益机构的配合下共同管理湾区的海岸带。

旧金山湾区各种市场很少受到管制，政府充当市场环境创造者和培育者的角色，积极推进相关法律的制定与实施，努力消除贸易壁垒，形成了比较成熟的政府与市场间关系。湾区交通道路的网络化延伸与州政府及其他规划机构颁布的政策引导，不仅带动了核心城市人口、产业、技术、资本等要素不断向中小城镇分流，而且还促进了不同规模、等级城镇之间的要素对流，为湾区科技创新发展创造了良好条件。

二是依托高等教育集群促进产学研深度融合。

旧金山湾区以知识技术为基础，拥有雄厚的科研力量和庞大的人才队伍。例如，湾区拥有旧金山大学、斯坦福大学医学院、加利福尼亚大学等多所高等院校和全球顶尖的研发机构，来自世界各国的科技人员总人数在100万人以上。尤其在高等教育集群与区域高新产业紧密互动上，其标志性的高校产学研合作模式受到各国创新高的学习借鉴。早在 20 世纪 70 年代，湾区内的各类高校就开始进行课程改革和组织机构创新，主动与政府和市场建立良好的合作互动关系，并与这一地区的其他创新主体共同引领了 20 世纪后半叶以来半导体产业、微处理器产业、软件产业以及互联网产业等高新技术产业领域的发展，形成了世界范围内有影响力的创新高地之一。

湾区高等教育的组织结构变革，既包括高教体系在履行区域创新高地使命过程中对原有功能结构的优化调整，也包括部分高校，尤其是研究型大学为了在充分发挥创新创业相关社会功能的同时保障教学科研本职工作的质量和效率，在学校组织机构设置方面进行了补充完善。从高校发展类型层次结构上，为满足区域对不同创新人才的需求，湾区各类高校坚持自身人才培养定位。同时，通过在区域高校分类制度设计中完善合理的学生转校衔接机制，促进学校之间管理沟通顺畅有效。《加利福尼亚州高等教育总体规划》不仅明确了社区学院、州立大学和加利福尼亚州大学各分校的办学目标与人才培养层次，而且对三类高校间的转学比例和生源制定了具体详细的规定。此外，加利福尼亚州还通过立法形式规定基本的转学核心课程、共同课程编号系统和转学学位，通过网站规定转学和衔接政策等，保障各级高校的人才培养质量。

在高等教育供给形式上，湾区更是适应区域创新网络的发展形态。湾区分工复杂、流动频繁、知识导向的创新网络形成了多元化和终身学习的高等教育需求，区域内的各类高校一直在积极探索通过继续教育、职业培训、在线教育等多样化的供给方式，改革优化产业前沿领域，尤其是与电子信息技术相关的教育培训内容。在高等教育发展目标上，湾区将其与区域产业需求紧密结合，高等教育管理部门会参照行业主管部门的战略规划及人才需求的分析预测结果，对政策制定、财政投入及规划实施等方面进行调整。高校由此与世界领先的区域产业建立了共生联系，并形成具有高新技术产业等优势学科的集群，这为湾区内支柱产业实现基于技术变革的创新发展提供了世界一流的研究条件。

此外，在高校原始研究成果转化成技术产品直至催生区域产业发展的新业态过程中，往往需要经历复杂而漫长的商业过程，为此建立规范专业的产学研管理组织是关键。旧金山湾区的研究型大学普遍设有专门的产学研服务机构，其工作人员在诸如产权法律、公司运营、开发和管理校企合作关系等方面具有专业知识和实践经验：对外负责吸纳整合市场和政府的各类资源，代表校内师生与合作单位进行商业谈判；对内帮助研究人员挖掘其科学发现的商业价值，在技术转化初期聚集商业资源，提升专利授权等文书工作的办事效率；在实现转化后承担财务管理、法律咨询和公司上市等后续服务工作，保障教师回归教学科研本位工作。

三是独特的风投体系激发企业科技创新活力。

旧金山湾区具有的风险投资体系为企业提供创新资金，支持在企业科技研发、成果转化、产业化发展等各个阶段，充分调动和配置各类社会资源，以满足科技企业的资源需求。旧金山湾区是美国乃至世界风险投资行业最发达的地区，以风险投资行业为主体，以传统金融产业、创业板市场为辅，相互促进，共同发展。在风投资本雄厚的社会环境下，培育了大批高科技中小企业，例如英特尔、微软、谷歌、思科等硅谷企业在早期都得益于风险资本投资。

旧金山湾区每年风险投资总额超过 200 亿美元，占美国风投总额的 33.5% 以上，还拥有美国 40% 以上的风投基金普通合伙人。旧金山湾区经济研究院发布的数据显示，2014—2017年，湾区每年吸引了美国 45% 的风投；2018 年全球超过 73.8% 的融资案例在美国，而旧金山湾区稳居美国"融资重地"之首。在股票市场方面，有专门为中小企业、风险较大的企业提供资金服务的第二股票市场。有不少大公司就是靠第二股票市场的创新风险基金发展起来的。

层出不穷的创业企业与风险资本形成了良性互动：一方面，创业企业吸引大量风投基金落户湾区；另一方面，众多创业成功人士再次成为风险投资人，扶持其他创业企业成长，让湾区涌现更多企业，因此加速了旧金山湾区内企业的技术和产品创新。风险资本还催生了孵化器、加速器等创业服务机构。湾区的高校设有孵化器，为有志于创业的年轻人提供一系列服务，从而使得湾区形成了有活力的创新生态系统。这个系统里有众多精于把初创企业推动到后期的专门人才，这些人才在湾区的集聚，大幅提升了创业成功率。

东京湾区——交通发达重创新，港城联动共繁荣。

东京湾区的演化主要经历了四个经济发展时期：港口经济、工业经济、服务经济、创新经济。在 19 世纪中叶，日本东京凭借港口优势，推动了贸易产业、港口工业的蓬勃发展，并在第二次世界大战的影响下，促使周边城市的生产要素、经济要素不断集聚到东京，进而吸取并整合周边资源，为东京湾区的快速发展奠定了坚实基础。到了 20 世纪中期，日本工业产业不断向太平洋区域扩散，日本传统的轨道交通得以延伸，进而形成以东京为核心的圈层状、同心圆式的空间结构。到 20 世纪末，东京城市功能得到延伸和细化，并分散到周边的千叶、埼玉、神奈川等地区，形成了多个城市增长点，而东京港口群则逐渐构建了多圈层、多层级的分工体系和空间架构。最终，东京湾区在经历了单级、扩散、协调的发展过程后，历经数次产业变迁，最终实现了由世界最大工业带到知识技术密集型产业引领经济的转化。

一是港城协调联动，实现港城共荣。

东京湾区作为世界上第一个主要依靠人工规划而缔造的湾区，与自然形成的旧金山湾区和纽约湾区相比，有更为明显的规划设计和精密实施的痕迹，是人工规划湾区建设的典范。第二次世界大战后，东京湾区发展的每一步都与日本国情、国家发展战略相辅相成。20 世纪 60 年代，日本经济迅速恢复，城市化进程加快，日本本身存在诸多天然短板，例如国土面积狭小、资源有限等。为解决用地问题，日本开始围绕东京湾填海造陆，90% 的海滨被开发成了人工海岸线。除了填海扩大陆地面积，日本还利用了东京湾这个优良海港规划建设港口，而这一点正是日本根据国情发展对外贸易产业的结果。1951 年日本颁布了《港湾法》，此后，由运输省负责制订全国港口发展的长期计划，港口管理机构则负责在此范围内制定对应港口的年度预算和长期规划。1967 年又出台了《东京湾港湾计划的基本构思》，将东京港、千叶港、川崎港、横滨港、横须贺港、木更津港等港口有机整合，形成广域港湾，以港口群整体的能力与世界其他港口竞争。

东京湾区各港口城市之间的竞争与合作，注重集群协同发展，具体体现在产业分工以及人才和城市基础设施建设方面竞争与合作并存。经过长期的磨合，港口之间的分工在竞争中变得更加合理，六大港口各自承担不同职能，在保持经营独立的同时，通过优势互补形成了强大合力。东京港职能是输入型港口、商品进出口港、内贸港、集装箱港，横滨港定位是国际贸易港、工业品输出港、集装箱货物集散港，千叶港的角色为能源输入港和工业港，川崎港、木更津港和横须贺港分别承担着原料进口与成品输出港、地方商港和旅游港、军港兼贸易港的重任。得益于港口群的带动，东京湾区京滨、京叶两大工业经济带逐步构成城市群，并发展为日本最大的工业基地。

另外，错位承接、产研结合也是东京湾区工业地带的宝贵经验，东京湾区各核心城市之间错位发展与互补。东京湾区的精密规划还有着非同一般的一致性与可持续性，规划从来不会随着地方政府决策者的变更而变更。东京、横滨和千叶作为东京湾区的三大中心城市，产业分工明确，功能定位各异。东京以对外贸易、金融服务、精密机械、高新技术等高端产业为主，是日本最大的金融、商业、管理、政治、文化中心。横滨和千叶是日本重工业和化学工业基地，以钢铁、石油化工、现代物流、装备制造和高新技术等产业为主。

二是交通网络发达，促进各种资源要素集聚。

便利的交通是促成东京与周边县市形成首都圈的主要因素之一。政府高度重视交通网络体系建设，目前在东京市区之间、与周边城市之间的客运网络体系以轨道交通为主，以高速公路为辅，交通基础设施建设网络化促进了区域和周边城市之间的人口流动与都市产业布局调整。尤其是新干线的建设与开通，为人口的集聚与技术、资金、企业的聚拢奠定了坚实基础。

东京湾区拥有发达的交通网络，包括完善的高速公路、密集的地铁轨道交通。早在20世纪50年代，日本政府就相继颁布了《首都圈整备法》《首都圈市街地开发区域整备法》等多项法律法规，既优化了东京湾区的产业空间布局，也更进一步巩固了以东京为圆心、周边城市联动的科学布局。东京湾区是全世界轨道交通最密集的地区，轨道交通也是东京湾区最为重要的通勤方式。数据显示，轨道交通占东京湾区交通的比重达80%—90%。地铁轨道交通方面包括东京地铁、近郊地铁以及市郊铁路等，里程超过5500千米。东京地铁基本以东京站为中心向外辐射,超过 70% 的线网位于山手线以内,主要满足核心区内人口聚集地区的人员流动需求。近郊地铁和市郊铁路,则主要是解决市中心和郊区之间的运输问题。高速公路方面,首都高速都心环状线、首都高速中央环状线、东京外围环状道路(外环)、首都圈中央联络公路(圈央道)四条环状道路和九条放射状道路,组成了东京湾区高速公路网络。

三是注重产官研体系,大力发展创新经济。

依托东京大学、筑波大学等世界一流高校,以及工业试验研究中心、电子技术综合研究所等著名科研机构,东京湾区形成了世界著名的"东京—横滨—筑波"创新带,主导产业包括航运商贸、石油化工、电气机械和科技研发。

在 20 世纪 80 年代,东京湾区已经处于知识技术密集型产业引领经济发展的阶段,这使得东京湾区亟须大量知识技术人才和技术研究成果。日本政府为推动科研成果产业化以及科学技术的发展,制定了一系列相关的法律法规,在政府的推动下,东京湾区形成了完善的"产官研"体系。一方面,建立国家层面的区域研究中心和区域协同创新服务中心。在东京湾区区域创新体系初步成型阶段,主要是由国家主导建设点对点式的区域创新合作模式。1996 年日本科学技术振兴机构(JST)实施了区域研发中心扶持计划(RSP),建立了具有地方特色的产学官合作点,重点扶持那些具有市场转化潜力的技术研究成果;在 RSP 计划之后,文部科学省于 2002 年设立东海创新服务平台,于 2005 年设立茨城协同创新服务中心,推进东京湾区的区域创新。另一方面，国家和地方政府共同推动以区域集群为手段的创新网络。日本分别于 2001 年、2002 年推出产业集群计划、知识集群计划，产业集群和知识集群的区域分布呈互补关系，由多个集群网络形成了覆盖湾区的区域创新网络。

在地方政府的自主规划下，形成了以地方的大学和科研院所为核心机构的知识集群。并且这些核心机构的计划运行费用均由国家和地方共同承担，如以神奈川县科学技术中心为执行机构，以神奈川县产业技术中心、庆应义塾大学、关东学院大学为核心研发机构的知识集群，研发方向是环境友好型表面处理技术。这些研究型高校不仅为企业提供科技人员，而且会将研究成果转让给企业，提高高校科研成果的转化率。

除此之外，日本很多企业特别重视科技研发和技术创新，纷纷建立了本企业的研究所，比如索尼、丰田等知名企业都有自己的研究所，这些都为东京湾区注入了创新活力。根据 2022 年度全球百强创新机构榜单，日本位居榜首，总共有 35 家企业上榜，而其中多数创新机构来自东京湾区。另外，日本还通过加强科技中介组织建设来实现创新资源共享和协同创新。1996 年日本政府颁布了《科学技术振兴事业团法》，将千叶县产业振兴中心、埼玉县产业振兴公社、神奈川县科学技术中心等事业团体作为中介机构。这些科技中介机构对推动各地技术成果转化、产学官合作等发挥了一定的积极作用，是东京湾区创新体系的重要支撑。

二　世界级湾区的定位与产业特征

湾区发展不仅要依靠独特的地理区位和便捷的交通运输体系，还应拥有重点产业支撑。湾区一般都拥有相似的产业体系，重点产业却不尽相同，在某一产业拥有比较优势是湾区发展的重要特征。

纽约湾区："金融路线"

纽约湾区的核心城市是美国工业化最早、城市化水平最高、经济最发达、开放度最高的地区，各城市的产业结构呈现多元化和互补的格局。从三大产业的占比来看，2021年，纽约第一产业的占比仅有0.17%，非常低；第二产业的占比为8.5%；第三产业的占比达91.33%，其中金融服务业占比20%，房地产租赁服务业占比14%。2021年，纽约金融业增加值超过2100亿美元，占GDP的18.7%。根据位于中国深圳的综合开发研究院联合英国智库Z/Yen集团发布的第30期全球金融中心指数，全球前10大金融中心依次为纽约、伦敦、香港、新加坡、旧金山、上海、洛杉矶、北京、东京、巴黎，其中纽约排首位。其金融实力雄厚，有"全球金融心脏"之称。首先，纽约金融机构数量庞大，如纽约证券交易所、纳斯达克证券交易所，以及高盛、花旗、摩根士丹利等2900多家金融机构汇集在此。其次，金融业是科技产业、文化产业发展的重要资金保障。最后，纽约的对外贸易周转额占全美的20%，制造业产业占全美

的 30%，许多美国公司将总部设在纽约。因此，纽约湾区是名
副其实的金融湾区。此外，纽约湾区拥有十分丰富的产业集群，
主要包括计算机硬件与电子、软件、交通设备、材料加工、生
物医药、工业机器与系统、光学与成像、通信与传媒、食品加
工、金融与保险服务等产业。

旧金山湾区："科技路线"

旧金山湾区抓住了第三次工业革命兴起的机遇，在航天科
技信息技术、人工智能、生命医药、新材料、新能源、无人驾
驶等多个领域独领风骚。旧金山湾区的产业布局呈现了具有不
同产业特色的城市群协调发展的特点。其中，三大核心城市根
据自身优势进行了清晰的自我定位。旧金山市发展金融业、旅
游业、生物制药业，奥克兰市重点发展制造业和港口贸易业，
圣何塞市重点发展电子制造、信息科技和航空航天等高新技术
产业。旧金山湾区的金融业集中，坐落着 40 家银行及其 147 家
分行、太平洋海岸证券交易所和美洲银行的总部。同时孵化着
各种小型生物科技产业，共有 132 家生物制药类企业。

旧金山湾区成为全球"科技湾区"的原因主要有以下三
点。一是旧金山湾区内聚集了多家知名科技企业，如苹果、英
特尔、谷歌等，拥有 2 万家以上科技型企业。二是政府开放的
支持政策和当地企业研发机构、风险投资机构以及银行等机构
之间的协同合作，也为本区域加快科技创新企业发展提供了有
力的科技保障，目前已经形成了良好的创新创业环境。三是旧

金山湾区内拥有世界一流高校和科研机构，如斯坦福大学、加州大学伯克利分校和加州理工大学等，以及斯坦福直线加速器中心（SLAC）、帕洛阿托研究中心（PARC）等全球知名研究机构。这些高校和研究机构不仅为企业输送了优秀人才和领先技术，而且拥有一系列具有高影响力的科技成果，促进了技术与产业的深度融合。依托知识、资本的外溢和辐射，在创新产业驱动发展上，整个旧金山湾区形成了以科技为主，依托信息产业带动金融、航空和其他服务业发展壮大的格局，形成了多样化的特色产业集群，最终发展为全球主要湾区人均生产总值最高的世界级城市群。

美国知名公共政策研究机构布鲁金斯学会（Brookings Institution）进行了一项研究，着重调查了美国 AI 产业的分布情况。旧金山湾区在 AI 研究、投资、活动方面遥遥领先于美国所有其他城市或地区，占 AI 会议论文、专利和公司的比例高达 25%。与波士顿、奥斯汀等其他美国知名大都市区相比，旧金山湾区在 AI 发展方面的活跃程度超出它们的 4 倍。此外，从全球独角兽公司总部分布来看，旧金山湾区所在的加利福尼亚州就拥有 101 家，而美国纽约只有 23 家，欧洲有 13 家。由此可见，旧金山湾区是全球的创新中心，不仅具有技术创新优势，而且拥有创新主体，提升了创新环境和活力。因此，旧金山湾区产业结构十分多元，以高新技术服务业、信息产业和金融保险业为主导产业，在信息技术、新材料、新能源等领域独霸全球。

东京湾区:"制造路线"

2020 年,东京湾区的工业增加值约合 2400 亿美元,若按照国家来排名的话,与世界第九的英国相当。目前东京的产业结构以第三产业为主,集中在服务业,占比高达 89%;第二产业占比逐年下降,占比 11%。

东京湾区分布有高校和研究机构集群、信息技术研究集群、企业集群,拥有日本最优质的各类资源,要素集聚程度极高,教育资源、科技人才、政策红利、产业效益等均向东京湾区涌入。东京作为东京湾区的核心城市,其产业集中在汽车、钢铁、精密制造等领域,贡献了全国 40% 的工业产值与 26% 的 GDP,并形成了京滨、京叶两大产业集群带。同时,东京湾区还聚集了日产汽车、丰田汽车、索尼、日本电气等企业总部,此外,还有微软、华为等世界著名企业的研发中心。

东京湾区被称为"产业湾区"的原因在于,一是东京湾区大学占日本大学的 1/3,共计 263 所,其中教师、学生的数量分别占日本的 30%、40%,还有学术科研机构、教研人员的数量分别占日本的 40%、60%。二是东京湾区聚集了日本 1/3 的银行总部和全球百强企业,实现了资源的聚集,促使 25% 以上的民间研究机构和 50% 以上的科技公司落户于此。三是日本政府制定的鼓励创新政策有效推动了东京湾区的研发,东京湾区的研发经费占日本研发经费的 80% 以上。以东京大学为例,每年技术转让和专利许可 200 余项,运营收益超过 40 亿元。

目前，粤港澳大湾区的产业结构呈现多元化格局，各个城市的产业结构组合成了大湾区的产业结构。从地理分布来看，西部地区以技术产业为主导产业，主要包括新材料、新能源等领域；东部地区以知识密集型产业为主，主要包括互联网、人工智能等领域；沿海地区则依靠海洋发展海洋经济。总体来看，大湾区拥有十分丰富的产业集群，且各个地区错位发展。然而，通过对标国际湾区的发展情况我们也不难发现，粤港澳大湾区的产业特色还不够突出，核心城市的带动作用和引领作用仍然有很大的提升空间。这正是前海作为大湾区发展引擎，需要认真思考和谋划之处。

三　三大世界级湾区对前海的启示

从纽约、旧金山以及东京湾区的发展历程中，能够获得很多有益的启示。本书尝试从三个方面对此进行归纳总结。第一，一个核心问题就是政府与市场的关系。例如，对比硅谷与前海科技服务产业发展的背景，可以观察到在这两个区域的发展历程中，政府在其中扮演的角色是不同的。硅谷的形成主要依赖市场力量，创业者与投资者在这里进行自由竞争，自发地构建了一个开放创新生态环境。前海初期的发展则主要依赖政府的引导和支持，政府提供了必要的政策和资源支持，目的是吸引更多的投资并促进科技创新企业的成长。我们不能简单地认定哪种模式是最优的，因为无论是政府主导的形成方式，还是市场主导的形成方式，都有其利弊，关键在于如何扬利抑弊，这就需要正确定位政府在培育新产业和塑造创新环境中的职能。

三大世界级湾区的发展历程都证明，政府在维护和促进创新活动方面发挥着不可替代的作用。政府推动了相关法律、法规、政策的形成和落地，从而构建起维护市场秩序正常运行的制度框架。这种作用主要是通过强制性和引导性的制度来实现的，这两种制度相互融合，确保了政府在创新环境建设中发挥了重要作用。其一是强制性制度，如竞争法、质量法及质量认证制度等，旨在通过法律和政策规定，强制企业遵循一定的行为规范。这些规定有助于确保市场竞争的公平性和产品质量的可靠性，从而为创新提供一个有序的市场环境。其二是引导性制度，如产业政策、税收优惠和技术扶持政策等，通过提供激励和支持，引导企业特别是科技服务企业进行协同创新。这种制度安排有利于引导资源向高效率和高创新性领域集中，促进产业升级和技术进步。从资源配置的角度看，引导性制度可以看作政府对市场信息的一种补充，帮助市场更有效地优化资源配置。因此，无论新产业是由政府主导形成还是市场自发形成，政府都是制度创新的主要力量。

但是，这并不能说明政府在创新环境的形成中是无所不能的。硅谷的成功案例表明，高科技人才的自主创业、高校与工业界的紧密合作以及区域吸引力共同作用下的产业园区形成，并不是美国任何一级政府规划和干预的结果。一个具有竞争力的科技服务集群的发展，最终起决定作用的是市场的力量，而非政府的决策。也就是说，科技服务业的最终走向仍然是市场化。专业化的市场结构是科技服务业发展的主要力量，其能够促进行业竞争和创新，使得科技服务业能够根据市场需求和技术进步快速调整和优化资源配置。在这个过程中，政府的角色转变为其提供制度支持，而市场则通过竞争与合作促进创新效率的提升。这种互补关系表明，为了促进科技服务业的健康发展，需要政府和市场各自发挥其优势，同时相互配合，共同构建一个有利于创新和竞争的环境。

第二，应当关注科技创新与金融服务的融合，或者说，选择恰当的科技金融服务发展模式至关重要。科技金融资本的强大支撑能力能够培育原创性创新、优化资源配置、产生技术溢出效应以及推动区域经济发展，在现代经济体系中具有不可或缺的作用。硅谷的实践经验表明，即使是在市场主导型发展模式下，政府在科技和金融领域依然发挥了至关重要的作用。对于前海而言，应当拟定合适的政策和行动方案，以促进科技金融领域的持续发展。

一是完善科技金融的法律和法规体系。要加强对金融机构的监管，建立科学高效的风险防范机制，促进科技金融业务健康可持续地发展。政府可以发展创投种子基金和引导基金，为科技创新企业提供启动资金支持。此外，为了给创新企业在风险管理上提供坚实的支撑，应当大力推进政策性的科技担保和科技保险体系。

二是加强科技金融服务平台建设，促进科技金融资源优化配置。与科学研究机构和高等教育机构的合作，也是前海科技和金融发展的突破口。建立一个与区域科技企业发展相匹配的科技孵化平台，以便为创新型企业提供全面的创业支持和资源整合服务。

三是建设科技金融市场，提高科技金融供给的质量与效率。风险投资被视为一种创新的金融策略，它能够为技术革新提供坚实的后盾，并推动高科技的产业化。主要发达经济体纷纷建立了自己的科技金融市场，中国在这方面还存在一些问题，比如缺乏完善的风险评估机制、缺乏良好的退出机制等。应当积极推动创业投资基金、风险投资基金以及天使基金的成长和发展。同时，也要重视其他类型的创业投资基金的培育与引导作用，以进一步完善科技金融体系，推动科技金融中心的高质量发展。

四是创造有利于科技金融发展的环境。例如，构建一个完善的区域性资本市场，为小规模的科技公司提供交易与融资的平台。这将促进科技创新的进步，并为企业创造更多的融资机会。在此基础上，可以构建多层次资本市场以促进科技金融一体化。构建区域征信体系同样十分重要。区域征信系统的建立能够帮助科技金融行业更加精准地预测风险，缓解信息不对称问题，提高金融机构对科技企业的信任度和贷款意愿。

第三，人才战略是决定世界级湾区长远发展的关键变量。纽约、旧金山和东京三个湾区的人才战略的成功体现出其制度设计的优越性，且这些成功经验之间也存在一些共通的、可操作性极强的经验和创新设计，值得前海在建设人才高地的时候借鉴。

一是促进科技成果转化，激发人才活力。

加强产学研之间的联系至关重要。从美国的两个湾区和日本的东京湾区来看，学校和企业之间的联系非常紧密。尤其是在美国，科研成果或专利批准后，参与科研的师生拥有对这些知识产品的主要使用权，无论是卖给外部企业还是自己以此开设公司，都可以。这样使得科研人员、大学与外部企业的合作更加畅通，也能够鼓励科研人员积极推动科研成果的商业化。在日本，很多科研机构和大学甚至调整成了独立法人机构，拥有了更大的行政权力。这些便利的制度环境能够加速一个具有竞争活力的创新体系的建立。

设立科技成果转化的中介机构能够提高科技成果转化效率。在美国和日本，我们还看到很多譬如工业联络办公室、技术许可组织这样的中介机构的存在。这些机构可能隶属于某个大学，或是自负盈亏的独立机构。这些机构受大学或者大学科研人员委托，为其处理专利申请、营销和技术转移等方面的工作，以便科技成果更好地商业化。

二是面向全球实施开放性的人才政策。

更新移民法以吸引高科技人才。移民数量的多少与移民法案有着较大的关联。适当调整移民法案，对于吸引人才有着重要的作用。一个具有吸引力的移民政策，能够帮助当地吸引高水平人才，以及为存在人才缺口的行业找到更合适的人员。此外，也能够吸引更多的企业家、留学生留在当地，这样的机制有利于人才吸引的可持续性。近年来，美国和日本对其移民政策都有所调整，增加了 STEM 人才，以及其他紧缺人才获得绿卡的机会。

国际化教育吸引留学生。国际留学生作为人才队伍中的一个关键因素，对于留学国家的人才建设发挥着重要的作用。以日本为例，其推出了"留学生30万人计划"，通过完善其留学服务来增加国际留学生的数量。除了提供丰厚的学习奖励，日本政府还为国际留学生提供了就业方面的支持体系，以更好地帮助留学生融入当地的生活和工作。日本政府还投入专项资金支持这一计划的开展。这些具有较大吸引力的留学政策将会为日本带来更多的国际留学生和人才。

依托国际项目实现人才共享。除了吸引高水平人才到本国工作和生活，美国和日本还颁布了一系列计划，为那些不能亲自到美国和日本的外国科学家提供科研支持和科研合作机会。例如，美国的"全球科技创新行动计划"和日本的《创新25战略》等，都为外国科学家提供了高额的补助和奖励，支持其在本国为美国和日本科技创新服务，并加强与美国、日本的本土科学家之间的合作等。

实施海外人才引进机制。日本除了支持外国科学家在本国的科研，甚至还在外国"就地取材"，通过资助或购买国外科研机构、在国外设立研发机构、兼并国外企业、在国外设立讲学等多样化的方式，直接利用外国人力资源和科研成果。

国际猎头发挥先锋作用。在人才建设方面，传统的通过猎头公司来吸引高级人才的方式也是很重要的。根据国际"高级人才顾问协会"的统计，全球70%的高级人才流动是猎头公司协助完成的，全球高级人才中介市场早在2000年时规模就达到了100亿美元。由此可见，蓬勃发展的猎头公司，尤其是针对国际高级人才的猎头公司，对于一个国家的人才发展和国家建设都产生了直接且重要的影响。

三是加强校企联合培育急需紧缺人才。

依托大学集群培养人才。纵观国际湾区的经验，不难发现，三大湾区都处于高校最密集且教育水平较高的区域。譬如纽约湾区就聚集了哈佛大学、麻省理工学院、哥伦比亚大学等知名学府。这样的大学集群不仅能够吸引大批的学生和科研专家到此求学和工作，也为湾区的产业发展、转型和创新提供了人才基础和科研基础，更加有利于在集体力量下突破一些科技前沿和关键性技术问题。

校企合作培养专业人才。校企合作不仅能够加速科研成果转化，而且能够培养符合企业需求的应用型人才。应用型人才在科研创新中仍是不可或缺的一环。在东京湾区，东京大学就承担着培养应用型人才的新型模式课题。学校配置了一系列"协调者"和"双师型"教师等人员，以更好地服务于应用型人才的培养。

高校合作培养创新人才。高校之间的合作办学也是培养人才的一个重要机制。合作办学不仅能够推进高等教育的国际化，也能够给本国发展培养大批具有国际视野的创新人才。无论是美国还是日本，都积极与其他国家开展教育国际化合作项目，中国也属于合作项目的参与方之一。双方互派留学生，完善交流合作机制，创造优良的交流环境。这些都是人才培养环节中必不可少的操作办法。

四是营造鼓励人才创新创业生态环境。

构建孵化区域。人才发展环境的创造也是吸引人才的关键。为人才提供创业的孵化机制就是一个重要的环节。在旧金山湾区，就为各位人才和企业家提供了机构孵化的"孵化器区域"。这些孵化区域可以更好地为企业从事生产经营等业务提供一站式的创业支持服务。降低了创业的门槛，也缩短了创业成型的周期。"孵化器"承担了专业的企业运作职能，使得专门人才能够更加专注于产品的开发与创新。

风险投资催化作用。发达的风险投资能够更好地推动科技成果的转化，也可以提高中小型科创企业的成长速度。旧金山湾区作为美国的科技金融中心和世界风险投资中心，就形成了一套专业度极高且覆盖面较为全面的科技金融支撑体系，包括一些准入和退出机制以及"科技银行"的建立等。纽约则是通过减税和免税等方式来创造一个良好的风险资本运作环境。这些专业且便利的制度，使得纽约湾区和旧金山湾区的创新人才聚集能力遥遥领先于美国其他城市。

鼓励冒险的创新文化氛围。"鼓励冒险、宽容失败"是硅谷具有影响力的创新文化，这也大大提高了硅谷的创新水平。

在这样的创新文化下，每一个想法和思考都得到足够的尊重和肯定，进而也就催生了众多像谷歌、甲骨文、苹果这样的具有较大潜力的高新技术企业。此外，独角兽企业数量在这一片区域也逐年激增。而正是这些企业的发展，为美国汇聚了更多的人才。

第五章

展望：中国式现代化与"前海模式"的未来

　　"前海模式"作为中国式现代化的典型案例，仍然处在快速成长和发展过程之中。展望未来，前海的发展如同波澜壮阔的中国式现代化长卷一样，拥有光明的前景。本章将"新三大法宝"的前海实践扩展到中国式现代化的宏伟历史进程中，对中国式现代化的意义及内外部风险与挑战展开分析，并就如何用好"新三大法宝"推进中国式现代化进行了思考。在此基础上，我们遵照从一般到特殊的逻辑，从前海如何用好"新三大法宝"入手，阐述前海改革发展的方向，提出前海未来发展的定位及思路。

◆ 第一节　中国式现代化的意义与内外部环境

一　中国式现代化是最大的政治 ‹◆›

2022 年，党的二十大提出了"中国式现代化"的新概念，确立了实现"中国式现代化"的新使命。中国式现代化是"五位一体"的现代化，即人口规模巨大的现代化、全体人民共同富裕的现代化、物质文明和精神文明协调发展的现代化、人与自然和谐共生的现代化、走和平发展道路的现代化。这无疑是一个全方位、复合型的现代化定义，也是迄今最高标准的现代化。尽管我们也强调中国式现代化和其他国家的现代化具有共同特性，但显然对已经实现现代化的国家所出现的诸多问题并不满意，例如贫富分化、以破坏环境为代价加快发展、精神世界相对贫乏、在国际上实行帝国主义等。中国式现代化的目标就是避免这些问题的发生，这也显示了实现这种现代化的难度。仅从人口规模上看，就能让人理解其中的困难程度。经验地看，已经实现现代化的发达经济体的总人口在 10 亿左右，而中国拥有 14 亿多人口。如果一个拥有 14 亿多人口的中国实现了"中国式现代化"，那么无疑具有多重伟大的意义，至少表现在以下几个方面。

第一，形成新文明形态，完成中国文明复兴的目标。文明复兴并非复旧，而是文明的再造，是一种新文明形态，而新文明形态需要通过现代化而获得。

第二，为世界现代化提供强大的推动力。无论概念还是实践，现代化始于近代西方，并从那里扩散和辐射到世界各地。西式现代化有其成功的地方，也有其不那么成功甚至失败的地方。正如"五位一体"的定义所表明的，中国式现代化需要学习西方成功的地方，也要避免其不成功的地方。中国式现代化无疑在为世界现代化注入强劲的动能。中国加入世界贸易组织之后的多年里，中国对世界经济的增长作出了巨大的贡献。近年来，尽管世界总体经济形势不好，包括中国本身的经济从高增长过渡到中高速增长，但中国对世界经济增长的贡献依然维持在1/3左右。现代化就是要让人类脱离贫穷，这方面中国的贡献更为巨大。改革开放以来，中国促成了高达8亿多人口脱离绝对贫困，成为世界经济奇迹中的奇迹。

第三，作为最大的发展中国家，中国式现代化为那些追求现代化的全球南方国家提供了信心来源。第二次世界大战结束之后，很多发展中国家走上了西方式现代化的道路，但迄今没有多少国家取得成功，大多还处于不发达甚至低度发展水平。即使一些国家和地区的现代化取得了成功，但被西方体系吸纳，失去了外交甚至政治上的独立性。而中国式现代化给世界上那些既希望加快发展又希望保持自身独立性的国家和民族提供了全新的选择。同时，我们强调中国式现代化向这些国家传达了至少两方面的意义。其一，只有符合自己文明、文化和国情的现代化方式才是各国现代化成功的前提。其二，中国也承诺不会像过去一些西方国家那样，把自己的现代化方式强加给他国。

正是因为实现"中国式现代化"具有如此重要的意义，2023 年 12 月召开的中央经济工作会议强调把推进实现中国式现代化作为最大的政治。这是由中国共产党作为使命型政党这一性质所决定的。作为世界上最大的政治组织，中国共产党通过实现自身的使命来执政，实现中国式现代化是新时代最大的使命。

组织就是力量，这是近代以来国家兴衰历史的总结。一个组织化的中国拥有了人们所说的举国体制的优势。实现举国体制优势的一个重要前提是每一个时代政党所确定的使命，根据自身的使命去实现举国体制的优势。在毛泽东的革命时代，这个使命是"站起来"；在邓小平时代，这个使命是"富起来"；在习近平新时代，这个使命便是通过推进中国式现代化实现"强起来"的国家目标。

伟大的使命和崇高的目标已经确立，也必须追求。但是，人们必须意识到追求这一使命的困难和今天所面临的严峻挑战。只有认清楚了影响中国式现代化的诸多困难和挑战，才能认识到所需要的改革、开放和创新。

二　中国内部面临的主要挑战

尽管我们已经确立了中国式现代化的目标并且开始追求实现中国式现代化，但我们也面临诸多需要应对的挑战和需要克服的困难。从中国内部来看，我们面临着以下四个方面的挑战。

第一，统一全面深化改革的方法论。

有观点认为，中国40多年的改革，"好吃的肉都吃掉了，剩下的都是难啃的硬骨头"。进一步全面深化改革，内容涵盖经济、政治、文化、社会、生态文明建设各个领域，同一领域下又有众多方面，并分属不同部门负责。各领域改革之间具有高度的关联性、耦合性，零敲碎打调整不行，碎片化修补也不行。因此，全面深化改革的方法论非常重要。习近平总书记强调，改革要注重系统集成，坚持以全局观念和系统思维谋划推进，加强各项改革举措的协调配套，推动各领域各方面改革举措同向发力、形成合力，增强整体效能，防止和克服各行其是、相互掣肘的现象。在进一步全面深化改革的指导思想这一问题上，党的二十届三中全会提出了三个"更加"——更加注重系统集成、更加注重突出重点、更加注重改革实效，这是对全面深化改革方法论的生动阐释。系统集成式改革就是要处理好经济和社会、政府和市场、效率和公平、活力和秩序、发展和安全等重大关系，增强各个领域、各个方面、各个部门、各个层级、各个区域、各个主体在改革过程中的系统性、整体性、协同性。把握好这个大原则，中国的全面深化改革才能行稳致远。

第二，警惕"塔西佗陷阱"的风险。

近年来，"塔西佗陷阱"一词较为流行。一般认为，当政府失去公信力时，无论是说真话还是说假话，无论是做善事还是做坏事，都会被认为是说假话、做坏事，都会失去人民的支持，这就是所谓的"塔西佗陷阱"。我们应当认识到，一方面，"塔

西佗陷阱"是西方政治话语体系的衍生品，其并非是一种必然
的政治规律；另一方面，我们也应当对"塔西佗陷阱"及其背
后蕴藏的风险，保持清醒的认识和足够的警惕。放眼全球，拉
美一些国家的官僚主义盛行，导致政府失能，有些国家虽然建
立了公务员选拔体系，但是任人唯亲现象严重，导致选拔的官
员无法胜任工作，民怨集聚；韩国多任总统因独裁或腐败，最
终导致下台甚至牢狱之灾；自诩为"民主标杆"的美国，民众
对政府的信任度也不断下降，国家和社会治理体系都出现了问
题。对于这一"流行病"，我们需要始终保持高度的警惕。尤其
是要注意政府与企业之间、政府和社会之间以及社会与资本之
间的信任问题。必须拿出强大的勇气和有效的手段去解决这些
领域的信任和信心问题。试想，如果社会盛行"仇官""仇富"
心态，那么"官"与资本如何能够有所作为呢？

第三，重视经济结构可能出现的变化。

部分外资的减少和一些民资的"躺平"所带来的经济结构
的变化值得我们密切关注。国资在特定时期是经济的稳定器，
必须有所作为，但需要注意的是由此引起的经济结构的变化。
一直以来，民资在国民经济结构中发挥重要作用，这也是"两
个毫不动摇"政策的背景。我们应当高度重视经济结构可能出
现的变化。国家统计局公布的数据显示，2023年全年和2024
年1-7月，全国固定资产投资的同比增速分别为3%和3.6%，
但民间部门固定资产投资的增速则不尽如人意；在固定资产的
增量投资中，民间投资的占比也有所下降。如果这个趋势不能

逆转，那么民资可能持续萎缩。有国外学者指出，在那个时候，美国便会对中国发动一场军事竞赛，诱导中国国民经济的军事化，从而如美苏冷战那样打败中国。尽管目前这一现象可能只是暂时的，但的确需要考虑到国民经济结构的变化在国际层面的意义和影响。

第四，反对"内卷"式竞争和地方保护主义倾向。

近年来，"内卷"式竞争（即存量竞争）有加剧的趋势。有观点认为，地方政府之间的"内卷"式竞争主要有两大问题：一是集中在相同产业领域进行招商，比拼政策优惠力度，导致不同区域产业结构出现同质化倾向，区域之间缺少产业链、生产链有机分工与合理布局；二是集中在"大项目""大企业""全产业链"方面招商，而对中小微企业营商环境和政策支持力度不够，产业集群效应和产业生态效应发挥不足，诱发违规招商行为，损害了全国统一大市场公平竞争秩序。此外，一些地方存在不同程度的地方保护、区域封锁、行业壁垒问题，"玻璃门""旋转门""弹簧门"等隐形壁垒尚未完全打破，影响着市场公平竞争环境的形成与完善。2024 年 7 月 30 日，中央政治局会议专门强调强化行业自律，防止"内卷"式恶性竞争；8月 1 日，《公平竞争审查条例》正式实施，首次以行政法规的形式对公平竞争审查的对象、标准、机制、监督保障等作了全面、系统、详细的规定，填补了公平竞争审查制度的立法空白。这些都是反对"内卷"式竞争和地方保护主义倾向的重要举措，应当一以贯之、常抓不懈。

三 中国式现代化的外部风险

现阶段，中国式现代化面临怎样的国际大环境？改革开放以来，中国的现代化是在开放状态下进行的。事实上，在过去的数十年里，中国内部的现代化和外部的全球化两股力量相向而行、互相促进、互相强化。这种互相强化的效应使我们用 40 年左右的时间走完了西方国家用了 150 多年甚至更长时间所走的路。第 45 任美国总统特朗普尽管后来转向反华，但他对中国所取得的成就极其羡慕。他认为中国领导人了不起的地方在于能够在如此短的时间内把一个贫弱的国家提升成为一个世界强国，让美国领导人自叹不如。因此，他提出了"让美国再次伟大"的口号。不过，很显然，特朗普的"乱作为"不仅没有"让美国再次伟大"，反而让美国陷入乱局，而且迄今这种状况并未改变。

事实上，不仅美国陷入了乱局，世界格局也陷入了一种相对混乱的状态。联合国秘书长古特雷斯 2024 年 2 月在联合国大会上警告，安理会陷入了分裂，世界正在进入一个"混乱时代"。古特雷斯发出这一警告的背景是，安理会在以色列与哈马斯的冲突等重大议题上陷入严重分歧。他表示，"联合国安全理事会——解决全球和平问题的主要平台——由于地缘政治分歧而陷入僵局"；尽管"这不是安理会第一次分裂，但这是最糟糕的一次，如今功能失调更加严重，也更危险"。古特雷斯认为，曾经在冷战期间透过"完善的机制有助于管理超级大国关系"，但如今已经不同，"在当今的多极世界"，这些机制已经不复存在，因此，"我们的世界正进入混乱时代……一个危险且不可预测的不受控局面，而罪行完全不受惩罚"。古特雷斯这里提及的关键词有三个，即"安理会""超级大国关系""多极化"。他的意思是说，作为管理超级大国关系的制度安排，安理会在冷战期间扮演管理超级大国之间关系的角色，从而实现了和平；但现实的情形是，多极世界已经成为现实，却还没有出现符合多极体系的国际治理机制，所以世界进入了乱世状态。本章从以下三个方面来概括中国式现代化所面临的国际环境。

第一，失效的联合国机制。

事实上也的确如此。至少自近代以来，不管以什么概念来包装，国际关系的核心都是大国之间的关系。如果大国之间能够和平相处，那么即使小国之间发生一些冲突乃至战争，这个世界总体上还是和平的；但一旦大国之间失去了和平相处的条件，那么天下就会大乱。

联合国安理会就是这样一种保障世界总体和平的制度安排。第二次世界大战以来，以联合国为核心的国际组织是国际秩序的核心制度安排，安理会又是联合国的核心制度安排。或者说，联合国至少有两层制度安排。第一层是大国的共识和妥协机制，即安理会。安理会的制度安排犹如一个国家内部的精英共和权力安排机制。一个国家内部只要精英之间能够达成共识和妥协，那么政治稳定就可以得到保障。所有的冲突都是精英之间的冲突，即使表面上体现为精英和大众的冲突，其实质依然是精英之间的冲突，即精英和代表大众的精英之间的冲突。国际社会也是这样。第二层是较小国家的参与机制，即联合国大会及其相关机制。这一层是民主的过程，即所有国家一律平等，都有发言权。不过，在现实中，这一层更多的是民主的包装，小国可以说话，但如果大国不理会，小国的话很难发挥作用。因此，尽管联合国是一个国际大家庭，但较小国家还是需要通过和主要大国的关联来维护和发展自身的利益。

在整个美苏冷战期间，联合国机制似乎保障了美苏之间不发生直接的战争。人们所见到的都是代理人战争。联合国并没有任何机制来惩罚大国所犯的罪行。实际上，与其说是联合国的作用，倒不如说是核武器的威慑作用。因为美苏两国都拥有核武器，并且能够确保互相毁灭，所以两个大国都不敢发生直接的战争，没有一个国家敢直接惩罚另一个国家所犯下的"罪行"。如果一国想惩罚另一国，唯一的方式就是间接的惩罚，例如代理人战争、经济制裁、谴责等，并且要保证这些间接的惩罚不至于导致大国关系的破裂。

苏联的解体终结了冷战。冷战结束之后，大国单边主义横行。这个现象并不难理解，因为苏联的消失表明美国是唯一的霸权了。尽管美国和西方一些国家很快把中国视为苏联的"替代品"，但中国毕竟不是苏联。

美国成为唯一的霸权这一事实决定了美国的单边主义模式。美国和欧洲（主要是英国）提出了"人权高于主权"的概念，几乎直接废掉了近代以来欧洲国家自己构建起来的"主权原则"。

这一原则被美国主导的北约用于解决南斯拉夫问题。北约也开始了一波又一波的东扩，造成了始于2022年的俄乌冲突。也就是在冷战结束之后，美国也试图把北约模式扩散到东亚。从小布什时期的"新保守主义外交政策"到奥巴马时期的"重返亚洲"，再到特朗普和拜登以来的"印太战略"，都是这一战略思路的体现。这些表现在美国的外部利益，一旦涉及美国的内部安全问题，美国更是倾向于单边主义。"9·11"事件之后，美国不顾德国和法国等传统盟友的反对，很快形成了所谓的"意愿联盟"，几乎单独发动了针对中东的反恐战争。

美国独霸天下导致了美国在国际层面的过度扩张，因此美国在国际层面的衰落始于其顶峰时期。尽管比较而言，美国依然是世界上最强大的国家，并且在一些领域，美国的发展比其他任何国家都要快速，但单边主义消耗了美国太多的实力。因此，特朗普上台之后开始调整早已经过度扩张的政策，进行战略收缩，即"退群"，从诸多国际条约中退出来，减少对盟友的许诺和责任。不过，特朗普过于激进的政策导致美国的国际影响力更快衰落。原因很简单，美国已经深度嵌入世界各地区，其急速的"退出"导致区域国际关系的动摇。拜登上台后，开始纠正特朗普"退群"的"错误"。不过，这种"纠正"是表象，拜登政府实际上延续了特朗普的政策，还是"美国中心论"，只不过拜登的行为方式与特朗普不同而已。在很大程度上，较之特朗普，拜登政府实行了更为激进的政策，即从中东"退出"，把美国的战略重点转移到印太地区以遏制中国。尽管拜登政府把中国界定为"唯一有能力和意愿"在全球范围内对美国构成挑战的国家，但这个起点在特朗普。

第二，世界走向多极化但远未定型。

联合国安理会失去了管理超级大国关系的能力，表明以联合国为核心的战后国际秩序的动摇。不过，这更多的是表象，更深刻的原因在于战后国际秩序的经济基础的变化，尤其是地缘经济基础。苏联解体之后的数十年也是世界经济多极化的时候。冷战时期，世界地缘经济的核心是欧洲和美国，至多扩展到亚洲的日本和"四小龙"。但冷战后，世界经济可以说群雄崛起。经济的多极化导致了世界秩序的"封建化"。

尽管苏联解体了，但俄罗斯依然是一个大国。西方不仅拒绝俄罗斯"加入"西方阵营，而且更是加快北约的东扩，压缩俄罗斯的地缘政治空间。这迫使俄罗斯"奋发图强"，再造一个强大的俄罗斯。普京能否成功，则另当别论。土耳其也在崛起，一改近代以来"世俗化"的趋势，反其道而行之，开启"再宗教化"进程，大有复兴旧日帝国之势。南亚大国印度更不例外，不再满足于一个地区大国的地位，实行"东向"战略。印度的这一战略契合了美国的企图，"印太战略"因此而起。东盟在崛起。尽管东盟总体上依然处于发展中国家的地位，但东盟大国印尼和越南精于顺势而为，大有带领其他东盟国家成为世界权力一极之势。印度尼西亚本来就是东盟大国，1997年亚洲金融危机之后发展受挫，但这些年随着政局稳定，经济潜能再次发挥出来。越南尽管是东盟新成员国，但其旧日的野心依然存在，而且在快速放大。其政府的提法比较低调，即成为"中等国家"，但"中等国家"的定位至少是东盟的领导者之一。日本的野心则更加明显，日本并不满足坐享美国在亚洲最重要的联盟的地位，而是通过修宪和发展独立军事力量等手段争取成为具有全球主权地位的大国。总体来看，多个有影响力的国家都在抢抓发展的战略机遇期，都试图在旧体制的废墟上实现自身的崛起。

这就是人们所见到的今天世界多极化的局面，有点类似于历史上几个帝国并存的局面。然而，多极化远未定型，说世界必然多极化为时过早。世界依然处于急速的变动过程之中，人们可以确定的是旧秩序已经在快速解体，所不能确定的是新秩序是怎样的。在国际层面，安理会依然存在，联合国依然存在，可以预见，在出现它们各自的替代制度安排之前，它们还会继续存在，但它们对现实世界的影响力已经被严重削弱了。在国家层面，人们可以确定的是各大国的野心，但不能确定的是这些大国是否有能力实现崛起，是否对区域或者国际社会有责任担当。

多极化需要支撑多极化的地缘经济基础。没有经济作为基础，一个国家很难实现崛起，更不用说是成为大国了。在农业时代，几个帝国并存，而衡量帝国力量的是土地与人口，因此对土地和人口的掠夺是帝国间战争的根源。在贸易时代，海洋的重要性显现出来，控制了海洋就可以掌控世界。工业化时代以来，技术变得重要，谁拥有最先进的技术，谁就可以掌控世界。同时，在工业化时代，能源也同样重要，能否拥有丰富的能源或者能否掌控能源是衡量大国的关键指标。现在，世界早已进入了信息时代，信息和数据成为经济的核心，谁掌控了数据，谁就可能掌控世界。

第三，美国一家独大的格局可能延续。

信息和数据的重要性也表明几个帝国并存的时代可能已经过去，不仅经济交往和交通关联使得旧式各自独立的帝国变得不可能，而且信息和数据的穿透能力几乎可以使得主权国家的边界无效化。从这个角度看，未来世界秩序也不可能排除美国独霸世界的情形，美国的精英也在作这样的企图。如果美国的战略得以实现，那么美国独霸世界是大概率事件。

未来美国独霸世界的模式和冷战结束之后美国暂时独霸世界的模式不同。冷战后美国独霸世界的特点如下：其一，美国没有了苏联那样的挑战者；其二，美国依然能够通过多边机制（如北约和联盟机制）领导西方世界；其三，美国同样能够通过多边机制遏制和围堵潜在的挑战者。美国未来独霸世界模式较之这种模式更进一步，即美国拥有了独自建构单极世界秩序的能力。这个能力便是美国的信息和数据能力。

2024 年年初，《纽约时报》发表了专栏作家罗斯·多塞特（Ross Douthat）《只有美国才能拯救未来》（"Only America Can Save the Future"）的文章。他认为，尽管经历了通货膨胀的挑战，但美国经济自新冠疫情以来的增幅仍然可观，而欧洲等经济体的增长却陷入停滞。在过去五年里，许多发达国家人口下降的长期趋势已加速，美国的人口趋势虽不理想，但比斯堪的纳维亚半岛或韩国更为稳定。美国在全球的困难处境反映了其传统欧洲伙伴的衰落，以及重新平衡联盟的需要，而不是美国自身的固有弱点。

多塞特说，不难想象一个两代人后的世界，在那里，欧洲和环太平洋地区的富裕地区是老年化的围城，欧亚大陆的大部分地方由不稳定和独裁统治下的衰落主导，真正的活力主要由美国目前正在增长和建设的地带维持，也就是 X 账号"空美国"（"Empty America"）称之为正在美国南部和西部兴起的"新浮士德"文明，一个"从休斯敦到旧金山的狭窄地带"的城市蔓延开来的新美国。可以理解，该文对非西方国家充满着意识形态的偏见。不过，他所描绘的美国形成过程中的"新浮士德"文明需引起警惕。尽管人们还不清楚这个文明到底是怎样的文明，但可以预见的是，如果今天的趋势持续下去，那么美国通过其数据能力不仅可能掌控世界，而且可能塑造世界，犹如基督教所信仰的"上帝创造人"那样。

因为中国在开放状态下崛起，中国深度嵌入世界体系，所以外在世界的任何变化都会对中国产生深刻的影响。简单地说，今天我们在外部面临以下四大主要挑战。

第一，剧烈的地缘政治变化。

截至 2024 年 8 月，俄乌冲突还未结束，以色列与哈马斯的冲突持续升级。没有人知道这两场战争何时结束，并且新的冲突点也可能会爆发出来。地区冲突的爆发并非偶然，而是由当今国际秩序封建化和碎片化所决定的。在一些国家看来，美国不再是单极霸权，第二次世界大战之后确立的以联合国为中心的世界秩序已经动摇。各个强国都想在旧制度的废墟上实现自己的崛起。尽管世界权力呈现多极化趋势，但还没有出现能够治理这种多极化的世界治理体系。说得通俗一些，一旦旧制度动摇起来，各种形式的牛鬼蛇神都会跑出来作乱。在新制度产生之前，世界乱局便是大概率。以哈冲突使得两国人民饱受战争苦难，在以色列的猛烈攻势下，巴勒斯坦人民的生活举步维艰。

在地缘政治变化中，中美关系的变化尤其重要。毕竟，中美分别是世界上第一和第二大经济体。中美不仅是一对简单的双边关系，还是世界秩序的两根柱子，哪一根都不能少。尽管习近平主席跟拜登总统在旧金山的峰会有正面的影响，但中美关系在短期内仍会存在很大的不确定性。美国的内政现在变得越来越糟糕，收入差距扩大、社会分化、党争愈演愈烈；同时，美国国内的矛盾容易外部化，这就会深刻影响到中美关系。如果中美不能合作，那么世界地缘政治就没有了稳定基础。

第二，经济民族主义和贸易保护主义继续盛行。

尽管美国等一些西方国家经济在继续发展，新技术在不断出现，但经济结构并未改善，社会结构在继续恶化。随着中产阶层的萎缩，民粹主义继续高涨。在这样的情况下，越来越多的国家趋于"自私化"，把国际经济活动"国家安全化"，在这样的情绪下，脱钩断链很难停止。美国便是典型。自立国以来，美国很少将国家安全置于经济发展之上，体现为一个典型的资本主导的国家。但是，今天的美国俨然已经把"国家安全"置于发展之上，用"国家安全"来规制资本的运作。美国从所谓的自由资本主义向国家资本主义的转型，影响的不仅仅是美国经济，也是整个世界经济。这种影响正在展现，而且影响的深度和广度正在以加速度增加。近年来，美国不仅执迷于单边保护主义，还将经贸问题政治化、武器化。

第三，西方对中国发动经济认知战。

近来美国和西方一些国家不遗余力地唱衰中国经济，所谓的"中国经济顶峰论""中国经济衰落论""中国不可投资论"等不绝于耳，其目标在于妖魔化中国的营商环境，围堵中国可持续经济发展。

第四，美国试图制造冲突以再次中断中国的现代化进程。

近代以来，中国的现代化多次因外在环境的剧烈变化而中断。美国明明知道台湾地区是中国核心利益中的核心，却不断鼓动"台独"力量。美国的意图很明显，即不惜以牺牲台湾来中断中国的现代化进程。这些年，美国塑造了中美"修昔底德陷阱"的话语，认为随着中国的崛起，中美必有一战。但美国也深知，一旦中国陷入"中等收入陷阱"，那么就不会出现"修昔底德陷阱"了；而促成中国陷入"中等收入陷阱"的有效方法便是通过地缘问题陷阱中断中国实现现代化。

◇ 第二节 "新三大法宝"推进中国式现代化的思考

"前海模式"是"新三大法宝"的生动实践，塑造了中国式现代化的一个鲜活案例。那么，推而广之，围绕着实现中国式现代化，我们在更大的范围内需要怎么样的改革、开放和创新呢？这是从对"前海模式"的研究中衍生出来的更加宏大也更为复杂的问题，对此我们做了一些思考。此外，自习近平总书记于 2023 年 9 月首次提出"新质生产力"这一概念以来，国内外学术界对此高度关注并展开了广泛的讨论。我们也就新质生产力、高质量发展以及中国式现代化的关系进行了思考。

◆ 一 推动内部改革的十大措施

第一，落实"两个毫不动摇"，为非公有制经济发展营造良好环境。

改革开放以来，中国经济发展依靠的是两条腿走路——民营经济和地方政府。实践证明，越是在经济发展面临压力的时候，就越要动员民营经济和地方政府这两股发展力量。现在一定要进行"清单式"的梳理，搞清楚民营企业发展的堵点、难点在哪里？地方政府和其工作人员发挥作用的堵点、难点又是什么？只有清楚地识别并解决这些问题，才能把中央宏观经济政策的调整转化成为地方的经济红利。政策制定了以后，就要与各方面一起执行。执行就关系到执行的主体，包括地方政府、企业和社会组织等。在落实"两个毫不动摇"方面，经济主体是企业，要给民营企业家"松绑"。应当给他们开列一个负面清单，规定哪些领域不可以碰。除了这些领域，就可以让他们发挥主观能动性。微观领域需要经济主体和社会主体发挥作用，减少政府的干预。在这方面，我们现在可能要学习汉初的黄老学派，让社会"休养生息"。经济的活力唯有通过市场的微观主体才能真正发挥作用，政府需要通过提供公平的规则和法治，塑造良好的营商环境，尤其是对民营经济友好的环境，这一点尤为重要。

第二，构建全国统一大市场，完善市场经济基础制度。

中国是全球第二大经济体，我们的经济体量和规模已经如此巨大了，但是在国内市场建设方面，仍然还有一段路要走。如何把我们庞大的国内市场转化为高质量发展的独特优势，就需要在构建全国统一大市场方面下大力气，解决我们长期以来一直存在的市场条块化分割问题。按照二十届三中全会的部署，我们需要从几个方面入手：一是推动市场基础制度规则统一、市场监管公平统一、市场设施高标准联通。市场规则体系"山头林立"、企业开展经营活动需要"入乡随俗"，这是构建全国统一大市场需要解决的首要问题。尤其是在反垄断和不正当竞争、地方政府招商引资政策以及招投标和公开采购等领域，需要提升市场综合监管能力和水平，监管国家标准体系。二是完善要素市场制度和规则，推动生产要素畅通流动。打通阻碍生产要素自由流动的堵点，让生产要素能够在全国范围内高效配置，才能够充分释放市场活力。可以从构建城乡统一的建设用地市场入手，完善促进资本市场规范发展的基础制度，培育全国一体化的技术和数据市场，健全各种生产要素由市场评价贡献、按贡献决定报酬的机制等等。三是加快培育完整的内需体系，建立政府投资支持基础性、公益性、长远性重大项目建设长效机制，避免直接"与民争利"，以政府投资有效带动社会投资，激发社会资本投资活力，形成市场主导的有效投资内生增长机制。

第三，健全发展新质生产力的体制机制，促进实体经济与数字经济融合。

高质量发展是全面建设社会主义现代化国家的首要任务。如何实现这个任务，答案就是要通过发展新质生产力，塑造发展的新动能。当前正处于新一轮产业革命蓬勃发展的关键阶段，我们需要破除阻碍新质生产力发展的体制机制障碍，推动革命性技术突破，在生产要素创新性配置和传统产业深度转型升级方面做文章，推动劳动者、劳动资料、劳动对象优化组合和更新跃升，催生新产业、新模式、新动能，发展以高技术、高效能、高质量为特征的生产力，加强关键共性技术、前沿引领技术、现代工程技术、颠覆性技术的创新，加强新领域、新赛道的制度供给，推动战略性新兴产业不断发展壮大。马克思主义的基本原理告诉我们，生产力决定生产关系，生产关系反作用于生产力。当前我们的各项改革，就是要加快形成同新质生产力更相适应的生产关系，促进各类先进生产要素向发展新质生产力集聚，提升全要素生产率。从全球范围来看，实体经济与数字经济的深度融合已经成为大趋势，我们需要紧跟这一趋势，在推进新型工业化进程中，培育壮大先进制造业集群，推动制造业的高端化、智能化、绿色化发展，完善促进数字产业化和产业数字化的政策体系，打造具有国际竞争力的数字产业集群。

第四，完善支持服务业发展的政策体系，健全现代化基础设施建设体制机制。

经济的高质量发展，既要打造"硬实力"，也要"软实力"。如果说高端制造业是一个国家经济"硬实力"的代表，那么现代服务业就是"软实力"的重要体现。从经济发展和产业结构的关系来看，越是经济发达的国家，其现代服务业的竞争力就越强，对经济发展的贡献度也越高。因此，必须不断完善支持服务业发展的政策体系，打造现代服务业发展的新优势。可以从优化服务业核算，推进服务业标准化建设入手，聚焦重点环节分领域推进生产性服务业的高质量发展，发展产业互联网平台，推进生产性服务业融合发展，健全生活性服务业多样化发展机制，完善中介服务机构的法律制度体系。此外，现代化的基础设施是打造经济"硬实力"和"软实力"的基础，应当不断健全新型基础设施的融合利用机制，推动传统基础设施的数字化改造，拓宽多元化投融资渠道，健全重大基础设施建设的协调机制。

第五，提升产业链、供应链韧性和安全水平，实现安全可持续的高质量发展。

安全是实现高质量发展题中应有之义，尤其是在地缘政治风险显著上升，全球产业链、供应链加快重组的背景下，如何实现安全可持续的发展至关重要。具体来看，一是要抓紧打造自主可控的产业链供应链，健全强化集成电路、工业母机、医疗装备、仪器仪表、基础软件、工业软件、先进材料等重点产业链发展体制机制，全链条推进技术攻关、成果应用。二是要做好制度建设，建立产业链供应链安全风险的评估和应对机制。应当充分发挥我国市场规模庞大、产业完整的优势，完善产业在国内梯度有序转移的协作机制，推动转出地和承接地利益共享。三是建设国家战略腹地和关键产业备份。面对美西方国家不断加码的制裁和遏制举措，我们应当具有风险意识和底线意识，加快完善国家储备体系至关重要，尤其是建立和完善战略性矿产资源探、产、供、储、销统筹和衔接体系，在极端情况下能够做到用得住、顶得上。

第六，完善国家战略规划体系和政策统筹协调机制，强化中央的协调功能。

进一步全面深化改革为什么要强调国家战略规划和政策统筹协调？为什么要强化中央的协调功能？道理就在于全面深化改革已经进入“深水区”，一些有益于国家整体发展的改革举措很可能会触动地方利益，影响一些既得利益群体。因此，全面深化改革必须置于强有力的党的领导之下。各部门自己设计自己的改革、自己改革自己、自己评估自己的改革的情况必须得到改变。各部门的改革要服从总体国家利益，围绕高质量发展是硬道理这一原则，一切为了实现中国式现代化。这就要求中央政府强化协调功能，通过协调，把各部门的利益导入整体国家利益。经济部门和非经济部门需要互相评估自己出台的政策对对方的影响，做好预判和对应方案。也只有这样，才能避免改革的碎片化，避免"合成谬误"。正如党的二十届三中全会的决议所指出的，构建国家战略制定和实施机制，加强国家重大战略深度融合，增强国家战略宏观引导、统筹协调功能；健全国家经济社会发展规划制度体系，强化规划衔接落实机制，发挥国家发展规划战略导向作用；促进财政、货币、产业、价格、就业等政策协同发力，把经济政策和非经济性政策都纳入宏观政策取向一致性评估，健全预期管理机制和国际宏观政策协调机制。

第七，深化财税体制改革，健全宏观经济治理体系。

现在中央跟地方的事权和责任是不相称的，财政力量向中央政府倾斜，但主要的治理责任还在地方政府。从现代国家建设的角度看，随着现代化进程的推进，需要中央政府强化其统筹功能，这就需要进一步深化财税体制改革，推动宏观经济治理体系的现代化。在财税体制改革这一问题上，党的二十届三中全会也进行了明确，接下来需要做好改革的落实工作。一是健全预算制度，加强财政资源和预算统筹，把依托行政权力、政府信用、国有资源资产获取的收入全部纳入政府预算管理。这里面有三个"强化"需要注意：强化国家重大战略任务和基本民生财力保障、强化对预算编制和财政政策的宏观指导、强化公共服务绩效管理和事前功能评估。二是税收制度改革，健全有利于高质量发展、社会公平、市场统一的税收制度，优化税制结构。研究同新业态相适应的税收制度；全面落实税收法定原则，规范税收优惠政策，完善对重点领域和关键环节支持机制。三是建立权责清晰、财力协调、区域均衡的中央和地方财政关系。这是深化财税体制改革的关键，党的二十届三中全会的决议指出，要增加地方自主财力，拓展地方税源，适当扩大地方税收管理权限；完善财政转移支付体系，清理规范专项转移支付，增加一般性转移支付，提升市县财力与事权相匹配的程度；建立促进高质量发展转移支付激励约束机制；适当加强中央事权、提高中央财政支出比例；等等。

第八，深化土地制度改革，完善城乡融合发展的体制机制。

农业、农村、农民的现代化是中国式现代化的重要组成部分。城乡是一个居住概念，而不应是身份概念。城市不仅是城市居民的居住地，也可以成为农民的新家园，同样，农村也可以是城市居民居住的地方。我们现在要鼓励城乡的双向流动。应当鼓励城市的中上收入群体到农村居住——他们也是重要的生产要素，这需要深化土地制度改革。对这一问题，党的二十届三中全会也作出了明确的部署。例如，要改革完善耕地占补平衡制度，各类耕地占用纳入统一管理，完善补充耕地质量验收机制，确保达到平衡标准；完善高标准农田建设、验收、管护机制，健全保障耕地用于种植基本农作物管理体系；允许农户合法拥有的住房通过出租、入股、合作等方式盘活利用，有序推进农村集体经营性建设用地入市改革，健全土地增值收益分配机制。此外，应当优化土地管理，健全同宏观政策和区域发展高效衔接的土地管理制度，优先保障主导产业、重大项目合理用地，使优势地区有更大发展空间；建立新增城镇建设用地指标配置同常住人口增加协调机制，探索国家集中垦造耕地定向用于特定项目和地区落实占补平衡机制，优化城市工商业土地利用，加快发展建设用地二级市场，推动土地混合开发利用用途合理转换，盘活存量土地和低效用地等。

第九，确立"先立后破"的改革总基调，打造高质量发展的新"三驾马车"。

全面深化改革要"先立后破"，这也是中央经济工作会议提到的。实际上，这也是我们改革开放以来成功的地方。无论是农村生产承包责任制，还是后来的城市改革，无论是国企改革还是民营企业改革，我们都是在做"加法"，先立后破，以新力量倒逼旧力量，以新动能赋能旧动能。我们以前说"腾笼换鸟"，笼子腾空了，但新鸟没有进来，这就会产生诸多问题。因此，应当为"旧动能"留存一定的空间，构建"新动能"对"旧动能"的倒逼机制，甚至是替代机制。其次是围绕新质生产力构建新的"三驾马车"。旧的"三驾马车"——投资、出口、消费对任何一个经济体很重要，但是今天出现了一些问题，很难再继续强有力地拉动中国庞大的经济体了。那么如何赋能？就是要打造新的"三驾马车"——人才与科教系统、开放的企业系统以及开放的金融系统。任何一个国家，无论是要跨越"中等收入陷阱"，还是要实现高质量发展而成长为发达经济体，基于技术进步之上的产业升级都是最重要的。如果没有持续地基于技术进步的产业升级，就很难实现从落后经济体向发达经济体的飞跃。因此，我们需要新的"三驾马车"。

第十，发挥"一国两制"的制度优势和香港国际金融中心的独特作用。

我们要发挥港澳，尤其是香港的独特作用。我们要克服一些人所说的香港面临的"孤岛化"风险——美国西方打压香港，区域内一些政府也有意识地跟香港竞争，吸取香港的金融和人才等要素。香港的发展关键在于和内地的融合。其中，发挥香港金融投资作用最为重要，因为香港的主要服务业就是金融服务业。我们如果要成为一个世界级的经济强国，就必须建立一个世界级的金融中心。19世纪的英国、20世纪以来的美国为什么强大？为什么日本、德国、法国这些不同时段的世界强国，都只是二流的经济强国？这里的关键在于金融。我们国家如果要成为世界一流的经济强国，就必须发展香港这个世界性的金融中心。正如党的二十届三中全会的决议所指出的，支持香港、澳门打造国际高端人才集聚高地，健全香港、澳门在国家对外开放中更好发挥作用的机制。在香港金融这些年受到各种挑战、受到各种负面环境影响的情况下，我们一定要重塑香港的国际金融地位，通过与大湾区的融合，尤其是与大湾区主要城市如深圳、广州的协同，可以把香港塑造为"第二个金融中心"。上海这一金融中心是为我们的金融稳定服务的，香港、深圳和广州可以发展基于劳动分工的金融服务，同华尔街竞争。

第一，在经贸方面，斗争但不脱钩；在维护核心国家利益方面，斗争但不冲突。

在维护核心国家利益的同时履行大国责任。美国对我们"卡脖子"，搞"脱钩断链"，我们要敢于通过斗争去维护国家利益，但同时我们不仅不主动"脱钩"，而且要主动分化西方政治、资本和社会力量，让冷战派的"脱钩"破产。同样，我们必须坚定维护核心国家利益，遏制他国侵犯，也要履行和平发展的大国责任，克制自己。"中国式现代化"的第五个特征就是和平发展，这是我们的大国责任。

第二，推进围绕规则、规制、管理和标准的高水平开放。

继续和国际规则对接，在对接的基础上，参与规则制定；在参与的基础上，争取规则制定权。制度型开放的本质，就是国内制度和国际规则的无缝对接，为生产要素的内外流动创造良好的环境。在这方面，我们仍然有大量的工作需要推进、细化。一方面，我们自己不应当人为地设置要素流动的阻碍，要通过制度规则的统一加快国内统一大市场建设，先在内部把规则统一起来；另一方面，要加快与全球同行的技术标准、贸易和商务规则对接，我们要看到，在信息技术（如6G）等特定领域，西方国家的企业正在试图形成新的国际标准，而在这一过程中已经出现了"去中国化"的倾向，这是一个值得我们警惕的现象，这证明了我们主动对接国际标准和规则的紧迫性。

第三，推进精准的单边开放。

作为第二大经济体，中国的开放本身就是中国给世界可以提供的最好的国际公共品，也是大国的一份责任。同时，我们在开放过程中实现自身的可持续发展和崛起。要实现中国式现代化，我们可能要有精准的单边开放政策。经验地看，单边开放很重要。美国之所以强大的一个关键原因就在于它的开放市场，它在第二次世界大战以后在世界范围内吸收了优质的资本、先进的技术和高端的人才。无论是英国、美国，还是其他国家，都是根据自己的需要在一些领域实行单边开放的。我们不要迷信对等开放，要历史地看待它。我们国家也曾通过单边开放谋发展，在20世纪80年代缺少资本的情况下，我们通过"请进来"引入资本，这就是单边开放；在90年代，我们为了加入WTO，修改了从中央到地方的大量法律、法规、政策，这也是单边开放的例子；近年来，从上海进口博览会到对欧洲多国和马来西亚等东南亚国家的单方面免签，也是典型的单边开放。我们的单边开放已经开了一个好头，接下来希望能把单边开放扩大到更多的领域。这方面，我们可以系统地分析中欧投资协议、CPTTP、DEPA等，从而确定哪些内容我们可以根据自身需求优先实施。这不是无原则的改革开放，而是根据我们的需要推动的开放，可以把它称为"精准单边开放"。并且，中国发展到今天，有实力基础和经验实行精准的单边开放。

第四，加快落实RCEP，推进中国—东盟共同市场建设。

我们要加快落实RCEP，以充分利用其潜在的经济红利。进而，要在RCEP的基础上构建中国—东盟共同市场。商务部已经在和东盟开始进行3.0版的自由贸易区谈判，但3.0版的自由贸易区只是在2.0版基础上进行了一些增补，自由贸易区的概念和方法已不能满足中国和东盟日益增长的发展需要了。现在，与传统的贸易投资不同，我们的供应链、产业链都已经延伸出去了。所以，我们要有更高水平的开放和更高水平的区域产业布局，也就是共同市场的建设。中国和东盟之间的经贸关系已经有了很深厚的基础，接下来可以推进中国东盟共同市场的建设。

第五，建设开放的企业系统，构建中国的跨国公司。

要连通国内和国际两个大市场，也就是把内循环和外循环结合起来。尤其是在企业层面，我们要通过建设开放的企业系统，推动构建中国的跨国公司。我们现在很多的企业也只是地方性的，甚至还没有实现跨省。也就是说，生产要素没有实现充分的自由流动和配置。不管如何，中国的企业"走出去"，构建跨国企业是下一步必须走的。其实，通过把内循环和外循环结合起来，可以把建设国内统一大市场和嵌入国际大市场结合起来。

三　加强科技创新的三个条件

在创新的众多维度中，科技创新尤为重要，因为科技创新能力的提升是中国走出"中等技术陷阱"进而实现中国式现代化的关键一招。"中等技术陷阱"是我们提出的一个新概念，本书已经对其含义进行了分析。一般地看，一个国家陷入"中等技术陷阱"通常会发生在如下几种情形中。

第一，发展中国家凭借低成本优势承接发达国家成熟产业的产能转移，但长期来看，由于跨国公司始终将核心技术保留在母国，仅将成熟技术向发展中国家转移。这意味着，一旦成熟技术转移的红利被"收割"完毕，而发展中国家本土的企业不能通过自身的努力实现现有技术领域的技术水平提升，同时又不能成功地从应用性技术转型为原创性技术，那么其经济增长就会进入长期相对停滞的状态。

第二，无论是科学还是技术，其本质都是开放，即科学技术只有在开放的过程中才能得到发展。经验地看，科技思想必须比较自由地传播，应用技术在互相开放的竞争状态中才能得到改进。如果发展中国家不能很好地为其国内科研人员创造自由的思想空间，或者不能保持对外开放，这些都将导致它的技术水平无法持续提高。

第三，发展中国家科技人才流失也是其无法克服"中等技术陷阱"的一个重要原因。许多发展中国家自身培养的科技人才本来就有限，而这些人才由于工作机会、经济待遇和生活质量等原因，常常被发达经济体专业的移民政策吸引，导致发展中国家面临严重的人才短缺问题，大大制约了其发展的步伐。

第四，因为发达国家处于科技的前沿，发展中国家处于赶超的位置，一旦当发达国家认为发展中国家对其科技构成竞争的时候，发达国家就会对那些即将赶超自己的国家进行打压，阻碍发展中国家的技术进步。

第五，地缘政治因素的影响。当国家间进行地缘政治竞争的时候，发达国家往往对赶超国家实行科技封锁，甚至"脱钩"，从而有效阻碍赶超国家的科技进步。

我们认为，一个国家要突破"中等技术陷阱"，需要具备三个条件：其一，一大批有能力进行基础科学研究的大学和科研机构；其二，一大批有能力把基础研究转化成应用技术的企业或机构；其三，一个开放的金融系统。这就是我们反复强调的驱动中国经济高质量发展的新"三驾马车"。这三个条件必须相互配合，缺一不可。一旦缺失任何一个条件，那么科技创新不仅很难进入一个良性循环、实现持续的进步，更会使得技术创新在某个节点上戛然而止。从这三个条件来看，在体制和政策层面，中国需要做一系列的改革。

第一，基础研究方面的改革建议。

一是区分基础研究和应用技术。因为很多应用技术来自基础研究，所以基础研究和应用技术紧密关联，很难区分开来。但是，如果没有把基础研究和应用技术区分开来，一个社会的大多数人财物都会投在应用技术。道理很简单，因为应用技术是"形而下"，可以转化成为实际利益，而基础研究则表现为"形而上"，与实际利益相去甚远。但现实的情况是，现在还没有明确地界定基础研究和应用技术，有些国家科研指引里面所界定的"基础研究"还是属于应用技术，国家的投入还是集中在应用技术而非基础研究。科技共同体需要对两者做更加科学的区分。

二是确立基础研究主体。界定了基础研究之后，要确立大学和科研机构等战略科技力量作为基础研究的主体。基础研究并非资本密集型，但必须保障科研工作者有一个体面的生活和充分的自由空间去追求他们的科研兴趣。行政的干预必须尽量减少，更不能用行政逻辑替代科研逻辑。此外，国家还需帮助建立基础研究所需要的实验室，提供所需要的实验设备。这些实验室和实验设备必须是开放式的，以避免各个大学和科研机构重复建设，提高实验室和设备的使用效率。需要参照欧盟的经验，在不同区域的大学和实验室之间建立横向合作，形成基础科学研究网络。

三是建设人才市场和思想市场。对基础研究来说，最重要的莫过于需要一个人才市场和一个自由的思想市场。基础研究离不开人才。基础科学几乎都是科学家追求其科学兴趣的结果。同样，基础研究离不开不同文明、文化和国家的科研工作者之间的充分交流。在这两方面，中国基础研究最大的不确定性来自美西方国家对中国进行的"脱钩"。从基础研究科教系统和国际人才的吸引来说，中国应当学习新加坡等国的人才政策，在国际人才市场上找人才并想方设法加以引入。要充分利用好香港的比较优势。香港拥有数量众多的享誉世界的研究型大学，具有发达的教育科研系统。在粤港澳大湾区，通过广东的9个城市与香港、澳门基于劳动分工进行融合发展，就可以在一定程度上弥补内地那些基础研发能力薄弱领域的劣势。香港一直是一座开放城市，很长时间里一直是欧美人才的集聚地之一。香港国际人才的基础设施依然完整，如工资水平、低税收、自由出入、国际人才子女求学所需要的国际学校教育系统、医疗系统、法治等。

在确保科研思想市场方面，当政府与政府的关系变得困难的时候，更应当强化和国外大学的交流。美国和西方国家大多恐惧的是应用技术，而很多基础研究离应用技术还很远，并不是很敏感。因为基础研究大都产生于大学和研究机构，因而通过大学的交流来获得最新的科研思想无疑是最有效的。再者，在传统学术期刊之外，要充分利用大数据工具来了解世界基础研究动态。尽管中美两国（或者说中国和西方国家）之间的直接交往会变得困难一些，但也可以利用"第三地"（如东南亚国家）来做间接的交流，以确保在科技思想层面不会与发达国家"脱钩"。

四是改革科研评审制度。基础研究需要很长时间，需要长期的投入。目前，一些过度官僚化的科研评审制度非常不利于科学家对其兴趣持之以恒地追求。在目前的评审体制下，基础研究"应用技术化"现象非常严重，很多科学家转向了"有用"的研究，即转向了"应用技术"。如上所述，一些"天才"科学家只在自身内在兴趣驱使下对科学知识和真理进行探索，这种兴趣金钱买不来，也不是行政级别和学术职称晋升通道所能创造的。中国目前的科研评审制度，对这种驱动"天才"科学家的内在兴趣不够友好。当科学家不用为了评审而自由地去追求其科学兴趣的时候，基础研究才有希望得到良好的发展。

第二，应用技术方面的改革建议。

一是确立应用技术转化主体。从基础研究到应用技术的转化需要大量的资本，是资本密集型的。从发达国家来看，应用技术转化的主体是企业。应用技术转化一旦成功，可以获得很大的经济利益，但其中包含着很大的风险，因此政府很难论证其投入的合法合理性，并且政府也不应该是逐利的。企业是追求利益的，有动力承担风险。在中国，应用技术转化的主体既可以是国有企业，也可以是民营企业，但无论是哪种类型的企业，都必须是市场或者商业化导向的。当然，这里指的是民生经济领域，而非军事和战略领域。在军事和战略领域，技术的转化可以让国有企业或者国家指定的民营企业进行。

二是建设开放的工业实验室体系。第二次世界大战以来，工业实验室体系是把基础研究转化成为应用技术的最重要的工具。因为企业是应用技术的主体，工业实验室也应当由企业来建设和运行。在这方面，中国已经建立了诸多国家级工程实验室，并且呈现出越来越多的趋势。不仅中央层面，而且各地方政府也都在追求建设更多的工程实验室。此外，少数大型民营企业（如华为）也建立了自己的工业实验室。但中央和地方政府设立的工业实验室还存在着诸多短板，包括运行主体过度官僚化或者行政化、市场化不足、封闭不开放等。这些短板的集中反映就是缺少竞争性和效率——政府的投入变成无底洞，而实验室无须过问产出。因此，工业实验室的市场化改革不可或缺，不能光讲投入，不讲产出。尤其是需要通过开放来提高工业实验室的有效使用率。各级政府的工业实验室之间应当互相开放，更应当向民营企业开放。如同其他国家，中国大量的技术转化由中小型民营企业进行，而它们自身没有能力建设工业实验室。国家实验室向民营企业开放，可以有效促进民营企业的技术创新能力建设。此外，要实现产学研一体化目标，国家的工业实验室也应当向大学和有兴趣致力于应用技术的科研机构和研究者开放。

三是按区域进行劳动分工。无论是基础研究还是应用技术，区域劳动分工都是必要的。就基础研究来说，大学和科研机构分布是不均衡的，尽管各地都设立了大学和科研机构，但基于自身的比较优势和劳动分工的设立才更有效率。同样，在应用技术的转化和使用方面，各区域也是不均衡的，因为这涉及其他各种要素，包括充足的工程师、产业集群、供应链和产业链布局等。基础研究和技术应用的区域不均衡分布，更说明在这两个领域建设全国统一大市场的急迫性。各级政府不应当有"自给自足"的思想，设置各种障碍，而是应该通过市场化改革，促进基础研究和技术应用全国统一大市场的形成。

劳动分工更适用于香港和内地之间。从制造业的角度看，缺乏将基础研究转为应用技术的企业是香港的短板，因为改革开放以后，香港的整个制造业系统已经转移到了珠三角和内地的其他城市，香港呈现出了产业空心化现象。而香港要再工业化既没有很大的可能性，也没有必要。相比之下，珠三角的企业所拥有的科技转化能力闻名世界，也正是因为拥有这种强大技术转化能力的企业系统，使得珠三角在 20 世纪 90 年代以来，逐渐成为"世界工厂"。也就是说，珠三角在企业领域的优势，可以补齐香港的短板。同样重要的是，珠三角拥有一大批国家级和省级的工业实验室，也具备转化能力，而香港要再设置类似的工业实验室没有可能，也没有必要。

四是确立开放的企业制度。在公司运作方面，企业的不开放是中国明显的短板。在西方，自 20 世纪 80 年代以来，企业的供应链变得越来越长，也变得越来越开放。这就是西方企业越来越国际化、越来越具有竞争力的主要制度要素。以美国的企业为例，企业更专注于控制关键的、附加值高的部分，而把其他部分交给市场（即其他的企业）去生产，或者把设计留给自己，生产交给其他企业。这样做，使得一个产品内部的各个零部件之间都存在着一种"竞争"关系，一个零部件的技术改进了，另一个零部件的技术也必须跟上。更为重要的是，美国的企业更是把供应链延伸到世界各地，充分利用世界各地的生产要素。中国的情况刚好相反，企业之间基本上还处于一种互相封闭的关系，类似一颗植株上结出的各个土豆之间的关系。无论是国有企业还是民营企业，一个产品的各个零部件都由自己来生产，即使有供应链，但供应链的长度微不足道。因此，中国的企业最为看重的是市场份额，以市场份额来保障利润，一旦市场饱和，利润就成问题。更为重要的是，封闭的企业缺乏竞争动力。

尽管企业内部存在着劳动分工，但这种内部的劳动分工很难和美国企业的外部劳动分工同日而语。就国际化而言，一个什么都要自己生产的企业很难国际化。

总体而言，美国的企业因为互相开放，可以做得又大又强，而中国的企业加起来量很大，但大而不强。美国企业之间的互相开放使得美国企业在技术标准、规则、规制方面占据绝对主导地位。中国的企业过于分散，没有足够的能力在技术标准、规则、规制方面起到引领作用，一直处于跟随者的地位。美国企业之间的开放并非因为美国的企业天生就乐于开放。美国的企业和中国的企业一样，如果有可能，那么都会追求垄断。在这方面，美国政府起到了很关键的作用。美国政府通过反垄断法等手段引导企业开放。美国微软的反垄断案就是一个典型的例子。本来政府要分解微软，但分解手段不那么适用于互联网企业，因此最终以微软的开放替代了分解。而中国各级政府往往实行地方保护主义，其对企业所实施的各种行政举措更强化了企业的封闭性质。

因此，需要对企业制度进行改革。国有企业和大型民营企业之间应当互相开放，不同地区和部委所属的国有企业之间应当互相开放，国有企业和民营企业应当互相开放，大型民营企业应当向中小型民营企业开放。这种互相开放可以促成供应链和产业链的拉长，从而增强竞争意识和竞争能力。近年来，为了鼓励中小型民营企业的发展，政府往往为中小民营企业制定特定的优惠政策，但中小型民营企业缺少人才和技术力量，经常造成低端技术层面的恶性竞争，生产质量和性能低劣的产品。鉴于此，政府可以通过立法迫使大型民营企业向中小型民营企业开放。对大型民营企业来说，它们只需要把供应链延伸到中小型民营企业即可。在国际层面，企业的开放和供应链的拉长会更有助于中国的企业"走出去"而实现国际化的目标。中国的企业可以学习美国，把产业链和供应链拉长至其他国家，这样让其他国家可以分享技术、就业和收入。这样做一方面让其他国家也分享到了利益；另一方面也可以确立中国产品的信誉度，实现真正的互相依赖。

第三，金融方面的改革建议。

一是发挥金融在基础研究和应用技术之间的"协调者"作用。金融是基础研究和应用技术最有效的"协调者"。因为资本的目的是利益，资本对利益具有非常高的敏感性。资本对基础研究向应用技术的转化具有巨大的利益动机，知晓什么基础研究可以转化为应用技术。在这方面，美国拥有很好的经验。多年来，美国的大学实行产学研一体化体系，培养了一大批既懂得技术又懂得金融的人才。这批人才活跃在风投界，无论是对美国的基础研究还是应用技术，都起到了极大的推动作用。正如前文所述，政府、市场和风投是欧美发达国家科技进步的3个主体。就金融体制而言，缺失风投体系是中国科技进步最大的短板。中国的金融体系是为实体经济和社会经济稳定服务的，无法扮演华尔街金融体系的角色，也很难产生像美国那样的风投体系。不可否认，深圳和广州等一些中心城市的国有资本或者民间机构也在尝试做一些风投。但是经验地看，无论是国资的风投还是民间机构的风投，它们往往都是比较短期的。尤其是民间资本的风投规模又非常小，远远满足不了中国科技发展所需的金融支持。但如果可以借用香港的金融中心优势，那么就可以实现基础研究和技术应用转化所需要的金融支持。我们建议，中国要建立双金融中心，分别以上海和粤港澳大湾区为中心。以上海为中心的金融中心为实体经济金融稳定服务，而粤港澳大湾区的金融中心则基于大湾区各个中心城市的"劳动分工"，通过融合发展构建一个可以跟华尔街竞争的金融中心。

二是鼓励国有资本在风投中扮演重要角色。如果中国的银行系统很难扮演风投的角色，那么可以考虑让国有资本发挥风投作用。今天，中国从中央到地方都有国有资本的存在，其也已经开始进行各种投资活动。最近，一些地方利用国有资本存量成立了产投和科创基金，以满足地方政府的经济发展需求。较之民营资本，国有资本可以扮演更为广泛和重要的角色，尤其是在提供无论是国有企业还是民营企业都可以共享的公共品方面。根据我们的研究，在现阶段，国有资本或者国有资本组成的基金至少可以尝试围绕以下五个方面展开运作。

其一，绘制世界产业技术地图。中国必须精准了解产业尤其是先进产业在世界范围内的分布，了解中国在世界产业地图中的位置，了解各个现存产业从何而来，了解它们的现状并对它们的未来做出预判，从而帮助国家决策部门更清楚如何实现产业升级。其二，利用大数据等工具，预测未来产业。产业升级有两种，一种是同一种产业的技术升级，另一种是不同产业的转换。今天，新兴技术不断被发现，一种新技术的出现完全可以替代老的技术。因为产业基金不仅要对今天被视为先进的产业投资，还需要知晓未来可能出现的新产业。只有这样，一个城市的产业或者一个国家的产业才会处于领先地位。新技术的出现有两种形式，第一是技术发明，第二是从基础研究转化而来。通过大数据等手段，并不难发现未来的产业。其三，与大学合作，投资于基础研究。第二次世界大战以来，新技术越来越依赖于基础研究。产业基金可以选择一些大学，并与教育系统配合来培养这样一群致力于追求科学兴趣的研究者，这样更能建成产学研一体化的产业系统。其四，探索中国特色的风投体系，投资于应用技术的转化。从基础研究到应用技术的转化是资本密集型的，需要大量的资本投入。这种投入既可以由政府资本来进行，也可以由民间资本来进行，但无论哪种资本，都需要符合市场规则。中国目前的金融系统不具备条件来大量投入应用技术转化，那么就必须找到替代机构。基金无疑是一种可行的替代系统。其五，投资于新兴产业。现存产业需要投资，但因为对现存产业进行投资的参与者会很多，产业基金更应当投资于新兴产业。投资于新兴产业是有风险的，其他机构（包括银行）一般规避这种风投，此时产业基金就必须扮演这个角色。因此，即使是政府的产业基金，也必须向民间资本开放，吸收、包容和引领民营资本的产业投入，实现国有资本和社会资本优势互补、风险共担、回报共享。

需要强调的是，如果国有资本要扮演风投的角色，那么就需要对国有资本管理部门进行行政体制改革，以克服现存行政体制所造成的短板，超越短期利益，做长期投资，投资未来。现在的国有资本风投具有追逐短期利益的性质，不是一般意义上的风投。风投的回报一般需要很长时间，一般是8—15年，甚至更长。现行体制对这种长时期的投资不够友好，因为国有资本管理者的任期一般是3—5年。很显然，现任国有资本管理者一般来说不太可能为其下一任进行投资，并且现任管理者也必须对自己的投资负责。要克服这个体制短板，就要进行改革。例如学习新加坡的国有资本管理，赋予国有资本管理部分非政府的编制，如法定机构，任期不受一般行政建制的制约，同时也需要确立有效的评估和监管机制。国有资本是客观的存在，可以促使其在科技进步方面发挥更大的作用。

三是发挥政府的协调作用。

除了金融和国有资本的作用，政府也必须通过金融改革发挥科技创新作用。中国目前的金融结构困境在于，真正需要资本的科创企业拿不到资本，而不需要资本的企业则"被"给资金。金融业基本是国有银行为主体，主要服务对象是国有企业，尤其是大型国有企业，民营企业尤其是中小型民营企业很难获得生存和发展所需的金融服务。尽管各大国有银行也设置了为中小企业服务的机构，但动力不足，甚至没有动力。发展得好的大型民营企业也是国有银行的服务对象，但往往出现这样的情况：一旦国有银行向这些企业提供过于"便宜"的经费，那么这些民营企业就会不自觉地走向政策寻租，导致竞争力的弱化，甚至是最后的倒闭。而一批已批准设立的专门服务于中小企业的中小型银行，牌照的获得及管理层的人选仍属于"官办"，除了政策寻租，管理体制不顺也导致乱象频发。2008年国际金融危机后，美国经济复苏的不是华尔街，也不是大型银行，而是社区型中小型银行。大型银行仅起到稳定作用，真正起到经济复苏作用的是与民生经济真正相关的中小型银行。要解决相关问题，以下三条调整路径可供考虑。

首先，推动专为中小型民营科创企业服务的民间金融发展，政府可以根据规定来规制民营金融的规模、服务对象和区域；其次，设立大量的中小型国有银行，专门服务于中小型企业，这些银行的考核标准应当和大型国有银行不同；最后，引导量化宽松后放出的资金进入这些与民生经济、创新创业有关的中小银行。现在相关问题很突出，中央要求银行把资金导向中小型企业，但绝大部分银行还是千方百计地把资金导向国企或者大型民营企业，这是结构错位所致。如果金融结构不调整，则中国的中小型科创企业贷款问题就无法解决。很显然，这个问题是可以通过改革得到解决的。

四是发挥民间风投的作用。

尽管民间风投近年来是得到政府允许和鼓励的，但民间风投的规模非常小，到目前为止还是可以忽略不计。不仅如此，因为民间风投依然是新近的现象，不仅经验不足，而且缺失规则、规制和管理体系。一旦成规模，那么就容易出现问题。民间风投所出现的问题并不意味着民间风投不重要；恰恰相反，大趋势是民间风投必须发挥越来越大的作用。较之国有资本，民间资本有其自身的比较优势。民间风投能够有效吸取民间资本进入科创领域。民间资本对技术转化具有更强的敏感性和更大的灵活性。因为民间资本更容易和外资结合，在美国等一些西方国家对中国"卡脖子"和"系统脱钩"的情况下，民间资本可以在吸引外资方面起到更大的作用。在国际层面，较之国有资本，民间资本更容易国际化。实际上，外资进入中国之后，往往和民间资本合作；同样，民间资本"走出去"之后，也容易和当地资本展开合作。这方面，民间资本已经拥有了相当丰富的经验。对民间资本所起的风投作用，中国所需要做的一是允许和大力鼓励民间资本去做风投，并且给予相当的空间；二是对民间资本的风投加以规范和规制，减少与尽量避免其对社会和经济可能产生的负面作用。

四 理解新质生产力的两个维度

新质生产力的概念提出来之后一直备受关注，学术界和政策研究界对其内涵进行了热烈的讨论。随着讨论的逐步深入，这个概念的内涵和外延不断拓展、延伸。我们认为，对新质生产力的讨论应当放在中国式现代化这一大背景中。或者说，只有以实现中国式现代化为目标，对新质生产力的讨论才具有实质性意义。如果没有新质生产力作为坚实的物质、技术以及制度基础，就不可能实现中国式现代化。从这个角度看，我们应当把新质生产力视为一个具有国家发展含义的战略性概念，而并不一定需要将其具象化。这就涉及理解新质生产力的两个维度：一个是从生产方式、技术范式、产业形态等相对微观的维度，探讨新质生产力的表现形式；另一个则是从国家发展大局，即如何实现中国式现代化的维度去定义新质生产力的内涵。现阶段，无论在学术界还是政策研究界，人们往往把新质生产力指向一些具体的技术和产业部门，这无疑过于狭义了。尽管新质生产力需要具体的技术和产业部门来表现或者支撑，但是把新质生产力等同于某些具体的技术或产业，使得这一概念失去了其应当有的战略含义。

那么，什么是新质生产力？目前，对这一问题的讨论非常多。从总体上看，现有研究对新质生产力的定义主要来自两个方面：第一，在现实世界中找；第二，在科幻文献中找，并且这两个来源是互相关联的。人们根据符合科学逻辑的想象力把现实世界中存在的东西（尤其是科技）放大、往前推，就成为科幻，而科幻又反过来影响现实的发展。在这个意义上，人们往往说美国好莱坞科幻大片是未来科技的代表。就现实而言，在世界范围内，经济体可以分为前沿经济体和赶超经济体两大类；相应地，技术也可以分为前沿技术和赶超技术。前沿经济体往往指发达经济体，赶超经济体则指发展中经济体。因此，人们自然可以根据发达经济体正在发生的事物来定义新质生产力，大部分人都是看着美西方的发展来定义和讨论我们国家的新质生产力。

例如，一般而言，人们倾向于把"新质生产力"定义为"三新"，即新制造、新服务和新业态。第一个新是"新制造"，涉及新能源、新材料、新医药、新制造装备和新信息技术五个领域。在这些领域，人们还可以进一步定义新质生产力。有观点认为，称得上"新质生产力"的并不是那些普通的科技进步，也不是边际上的改进，而是有颠覆性的科技创新。再者，所谓颠覆性科技创新，至少要满足以下五个标准中的一个，即新的科学发现、新的制造技术、新的生产工具、新的生产要素、新的产品和用途。在中国的产业背景中，"新制造"既包括新一代信息技术、生物技术、新能源、新材料、高端装备、新能源汽车、绿色环保以及航空航天、海洋装备等战略性新兴产业，也包括类脑智能、量子信息、基因技术、未来网络、深海空天开发、氢能与储能等前沿科技和产业变革领域的发展。

第二个新是"新服务"。传统上，服务业具有广泛的含义，但"新服务"被视作为"新制造"提供的服务，并且这个服务的重点在于镶嵌在全球产业链、供应链中，对全球产业链具有重大控制性影响的生产性服务业。应当指出的是，服务业的参照也来自发达经济体。在服务业领域，世界经济版图里现在有三个特征。一是在各种高端装备里面，服务业的价值往往占这个终端50%—60%的附加值。二是整个世界的服务贸易占全球贸易的比重越来越大。30年以前，服务贸易占全球贸易总量的5%左右，现在已经达到了30%，货物贸易比重在收缩，服务贸易在扩张。三是世界各国尤其是发达国家，其GDP总量中生产性服务业的比重越来越大。比较而言，中国的生产性服务业增加值占GDP的比重为17%—18%，跟欧盟（40%）和美国（56%）相比差距是比较大的。

第三个新是"新业态"。新业态的核心是产业变革，是产业组织的深刻调整。新业态有两个关键推力，即全球化和信息化。关于这两个方面的已有讨论可以说是非常多，也比较充分了。我们认为，类似这样的对新质生产力的定义和讨论基本上是以发达经济体的现状或未来为基础的。应当强调的是，这样的概括和描述非常重要，因为它至少使得人们了解发达经济体的现状和前景。这对我们这样的依然处于赶超阶段的经济体非常重要，知道我们下一步要赶超什么。但是，对新质生产力这样一个具有深远战略含义的概念来说，这样做远远不够。第一，这样做不能回答一个关键问题，即新质生产力来自何处？或者说，新质生产力是如何产生的？如果不知道新质生产力是如何产生的，而只知晓什么是新质生产力，那么我们就很难从赶超经济转变成为前沿经济，从赶超技术转型成为前沿技术。第二，这样的描述过于聚焦经济（技术）要素，而忽视了制度要素。尽管新质生产力的核心是技术，但每一种技术的产生都是一个系统的产物，脱离特定的制度环境谈经济发展和科技创新，往往是空洞的。第三，这样的讨论并没有解决现存（传统）产业和新质生产力之间的关系问题，而这个问题对中国来说尤其重要。

事实上，无论是要定义新质生产力还是要回答新质生产力来自何处，我们都可以回到马克思的两个基本概念。一个是马克思关于生产力和生产关系的论述，另一个是马克思关于经济基础和上层建筑的论述。生产力指的是生产的物质内容，而生产关系指的是生产的社会形式内容，生产力和生产关系两者的有机结合和统一构成了"生产方式"。当生产关系不适应生产力发展的时候，生产力就会停滞不前，反之亦然；生产关系和生产力这两个要素之间内在矛盾的不断出现和不断解决是一个无穷无尽的过程，推动着整个生产系统不断自我更新。再者，在马克思的理论框架中，一个特定的人类社会总是由两部分构成，其一称为经济基础，其二称为上层建筑。经济基础指的是一个社会的生产方式，上层建筑指的是社会中与生产没有直接关系的其他关系和思想，包括文化、制度、政治权力结构、社会角色、仪式、宗教、媒体、国家等。经济基础并非单向地决定上层建筑，上层建筑也能够影响经济基础，但经济基础在社会中占主导地位。

从马克思的角度，我们至少可以看到以下几点。第一，新质生产力的重要性。生产力是一个社会的物质基础，是发展的推动力。第二，生产关系要符合生产力，上层建筑要符合经济基础，否则一个社会就会出现两种情况：要么生产力发展受阻，要么社会秩序出现问题。第三，一个社会的各种制度安排也是新质生产力的一部分，要么推进新质生产力，要么阻碍新质生产力。

此外，我们认为，在讨论新质生产力从何而来的问题之前，还需要澄清以下几个常见的认识误区。

第一，要正确理解基于技术进步之上的产业升级。如前所述，大多数人讨论新质生产力的时候，都会指向正在发生的前沿产业或者有潜力的未来产业，甚至是颠覆性产业。但我们认为，不是所有新产业都一定是新质生产力，也不是传统产业就和新质生产力无关。颠覆性技术和颠覆性产业多长时间出现一个？历史地看，需要数十年甚至上百年时间。英国工业革命发生迄今250多年，人类刚刚开始第四次工业革命。经验地看，颠覆性技术和产业可遇不可求。因此，把新质生产力定义为颠覆性技术和产业过于理想，也过于狭义。

一般来说，产业升级主要有两种方式：一是从一种被视为传统的产业转型成为另一种被视为先进的产业；二是在同一产业上的升级，即不断提高同一种产品的附加值。这方面我们已经有了深刻的教训。在过去，我们提倡"腾笼换鸟"，但被视为"落后产业"的"鸟"赶走了，笼子腾空了，却没有招来代表先进产业的"鸟"，对当地的经济产生巨大的负面影响。这样的情况也发生在很多国家，在这些国家，产业被大规模地转移到其他国家，导致了"去工业化"的局面。今天，我们发展新质生产力特别要注意几点：一是不是要忽视、放弃传统产业，而是要提高传统产业的技术含量和附加值；二是先立后破，发展新的产业；三是对新产业要防止一哄而上、泡沫化。由于政府掌握着大量资源，一旦政府认定哪些领域是新质生产力而哪些不是，资源就会导向那些被视为新质生产力的领域，而对那些被视为不是新质生产力的领域的投入就会大大减少，甚至取消。所以，政府对新质生产力的科学认识非常重要。事实上，无论是新产业还是传统产业，凡是能够提高单位产品附加值的都可以是被定义为新质生产力，至少具有新质生产力要素。

第二，新质生产力不能"一刀切"。因为产业分布的不同，新质生产力对沿海和内陆具有不同的含义，新质生产力不是沿海和内陆搞同一种东西，搞同一种模式。也正是从这个意义上说，我们对于从微观维度将新质生产力定义为具体的技术范式和产业模式这一类观点持保留意见。因为一旦新质生产力的内涵被具象化，很容易造成"一哄而上"的局面，其最终结果将是一轮又一轮的低水平重复建设，与高质量发展的目标背道而驰。

第三，新质生产力不仅仅是指工业，而应当包括更为广泛的领域，尤其是农业。因为技术往往发生在工业领域，人们往往忽视农业领域的新质生产力。农业产品也要提高单位附加值。所有发达经济体都找到了实现农业现代化的有效途径，尤其在东亚，日本、韩国和中国台湾等经济体的农业都具有新质生产力成分。这对于中国而言，具有极为重要的借鉴意义。

第四，新质生产力不是技术决定论。尽管技术是新质生产力的核心，但不应当局限于科技领域，而应当具有更广泛的内容，包括制度安排和营商环境。作为经济发展战略概念，新质生产力可以理解成为能够辅助国家在技术水平提升的基础上推动产业升级的所有经济活动。我们认为，中国发展新质生产力的主要目的就是跨越"中等技术陷阱"。

◈ 第三节　前海"一中心、三高地"的发展战略

面对百年未有之大变局下的复杂形势，前海如何用好"新三大法宝"实现高质量发展至关重要。我们认为，前海应当把握"一中心、三高地"的战略定位，即以"制度创新"为中心，打造"开放高地""人才高地""治理高地"，将前海建设成为创新之都、创业之城、宜居之所、和谐之地。

一　以引领式创新塑造新优势

创新，被赞誉为深圳的城市基因与立城之本，也是深圳40多年来最为知名的一个标签。改革开放以来深圳市的发展历程本身就是一部创新史，深圳在制度创新、发展模式创新以及科技创新等方面都走在了全国前列，如"三资"企业、加工贸易、跨境电商、电子信息产业发展等，深圳的先行先试都发挥了重要作用。创新是深圳崛起的重要原因，也是深圳未来发展的突破口。作为"特区中的特区"，创新是成就"前海模式"的原动力。

改革开放以来，中国在传统制造业领域开展"跟随式"创新，利用后发优势深度融入全球产业链和价值链，逐步确立了竞争优势。深圳正是在这一过程中，凭借政策优势和区位优势，

实现了快速崛起。在制度建设方面，我们的改革也基本上是"跟随式"的，即以对接国际规则、进入国际市场为主要目标。然而，一方面，传统制造业需要追逐成本洼地，随着本土劳动力成本的上升以及全球产业链的重构，我们迫切需要加快从"制造"向"智造"乃至"创造"转型；另一方面，随着地缘政治形势的变化，美国主导下的国际经贸规则越来越不利于中国的发展，甚至直接将遏制中国的发展作为规则设计的目标。这就使得无论是在生产领域，还是在制度建设方面，传统的"跟随式"创新已经无法适应中国实现高质量发展和可持续发展的客观需要。展望未来，中国亟须确立"引领式"创新思维，在新的国际国内环境下，重塑创新体系与创新优势。前海未来的改革发展，应当在"引领式"创新方面有所作为。尤其是加快发展人才密集型科技创新产业和制造服务业，在新一轮产业革命蓬勃发展的背景下，开辟高质量发展的新赛道、新领域，推动科技创新和制度创新，在创新发展领域形成前海特色和先发优势，引领、带动粤港澳大湾区的融合发展。

二 以制度开放带动人的开放

开放与创新是一枚硬币的两面，没有创新的开放将失去发展的主导权，而没有开放的创新则是闭门造车，终将走向衰败与凋零。拉美和东亚大多数发展中国家都没有能够在经济自由化的进程中建立起完整、独立的科技创新体系，因此始终在经济发展和科技产业链条中依附于西方发达国家。而苏联曾经拥有完整的工业体系和强大的科技创新能力，一度在航空航天、电子计算机和晶体管等领域取得了领先美国的成就，但终因封闭和僵化的计划经济体制而中断了科技赶超的步伐，错失了引领第三次产业革命的历史机遇。国家命运的兴衰与城市发展的逻辑都遵循着相同的规律。

开放可以分为市场开放、制度开放以及人的开放三个层次，市场开放和制度开放都是手段，而实现人的全面开放，即开放人的观念、打开人的格局、给予人思考和创造的自由、实现人的发展，才是应当追求的终极目标。改革开放以来，中国在市场开放方面取得了长足的进步，收获了高速经济增长和充分稳定的就业，中国经济总量也在2010年跃居全球第二。然而，市场开放虽然能够创造GDP，却未必是创新友好型开放，单纯的市场开放无法自然而然地形成自主创新体系，更不会必然导致高端人才的聚集。从这个意义上说，"以市场换技术"的思路是行不通的。习近平总书记曾形象地指出，"关键核心技术是要不来、买不来、讨不来的"[1]。现阶段，需要从制度层面塑造开放的环境，让国内外市场主体公平地开展竞争，保护知识产权，完善治理能力，提供高质量的制度供给，就能够真正激发企业的研发与创新活力，形成有竞争力的产业与创新体系。前海需要从制度层面持续深化开放战略，以高质量的制度供给，吸引优秀的企业资源和人力资源不断汇聚前海，为前海的创新发展

---

① 郑庆东主编：《践行习近平经济思想调研文集（2022）》，人民出版社2023年版。

提供源源不断的动力，为最终实现人的全面开放和发展创造条件。

三　打造并不断巩固人才高地

　　开放的关键是以制度化的方式促进资源的流动，构建地域嵌入型世界级经济平台在全球范围内整合前海发展所需的各类资源。在人、财、物以及技术等众多发展资源中，人才是第一资源，是创新的主体、财富的源泉，尤其是科技创新人才、富有企业家精神的创业人才以及高级管理人才，是推动经济发展和社会变革的第一动力。人才与资本类似，都具有很强的流动性。不同的是，资本追逐成本洼地，人才追逐治理高地。只有高标准的制度保障、高效率的配套服务、高品位的日常生活、高质量的自由氛围，才能够真正吸引人才、留住人才、用好人才。筑坝蓄水、筑巢引凤，打造人才高地的目标就是最大程度上获取和保障人才这个第一生产要素。人才作为最关键、最重要的发展资源，其分配和流动也遵循着特定的规律。在打造人才高地方面，应当发挥市场在人才资源配置中的决定性作用，用市场机制去认定、使用和筛选人才，政府提供高质量的公共产品供给服务，用市场化、制度化、人性化的方式获取人才、服务人才、留住人才。

　　人才工作的好坏成败，是检验政府治理能力的"试金石"，应当以生态治理的高度和思维统筹推进人才工作。人才作为稀缺的生产要素，如同珍稀物种一样，对生存环境有特定的要求。

人才生态系统同自然生态系统类似，具有脆弱性，人才生态的破坏会直接导致人才资源的流失。尤其是高端人才，视野广、能力强、期待高、选择多，人才服务的某些具体环节出现差错，都可能导致高端人才的流失。或者说，吸引和留住人才，需要依靠一个适宜人才工作、生活和成长的综合生态系统；而人才的流失，则往往是因为教育、医疗、交通、住房等某一个配套环节存在短板，引发了木桶的"短板效应"。人才工作做得好不好，有没有实际效果，关键要看"短板"而不是"长板"。因此。地方政府作为人才战略的执行者，只有具备了现代化的治理能力，才能够消除"短板效应"，打造出"引才、用才、育才、留才"的多样化人才生态，形成"引得来、用得好、育得出、留得住"这一良性循环，避免和杜绝"引才不留才，用才不惜才，育才不成才，留才不留心"这四大"人才陷阱"。

四　助力国家治理体系现代化

从理论层面来看，现代化的治理能力是我们做好中国式现代化这篇大文章的关键。在波兰尼（Karl Polanyi）的理论框架下，政府、社会、市场是遵循不同运行规律的主体，彼此之间需要有"边界感"。然而，在实践中常常要么是所谓的自由市场无序扩展，对社会构成了破坏；要么是政府权力过度膨胀，同样对社会构成了冲击，而社会往往不得不以暴力的形式对上述两种冲击进行回应。我们姑且将这一矛盾称之为"波兰尼困境"。如何在中国式现代化的进程中避免中国社会陷入"波兰尼困境"

呢？可以从推动政府治理能力现代化的角度入手。治理是制度的升级，治理需要依靠制度但高于制度，现代化的治理能力是高质量的制度和高水平的管理相互催化、融合。现代化的治理能力是实现经济社会良性发展的重要保障。

从政策层面看，完善和发展中国特色社会主义制度，推进国家治理体系和治理能力现代化则是中国全面深化改革的总目标。邓小平在1992年提出，再有30年的时间，我们才会在各方面形成一整套更加成熟、更加定型的制度。党的十八届三中全会在邓小平战略思想的基础上，提出要推进国家治理体系和治理能力现代化。这是完善和发展中国特色社会主义制度的必然要求。党的十八届三中全会研究全面深化改革问题，不是推进一个领域改革，也不是推进几个领域改革，而是推进所有领域改革，就是从国家治理体系和治理能力的总体角度考虑的。党的十九大报告也指出，必须不断推进国家治理体系和治理能力现代化，坚决破除一切不合时宜的思想观念和体制机制弊端，突破利益固化的藩篱，吸收人类文明有益成果，构建系统完备、科学规范、运行有效的制度体系。2019年10月31日通过的《中共中央关于坚持和完善中国特色社会主义制度 推进国家治理体系和治理能力现代化若干重大问题的决定》指出，新时代谋划全面深化改革，必须以坚持和完善中国特色社会主义制度、推进国家治理体系和治理能力现代化为主轴，深刻把握我国发展要求和时代潮流，把制度建设和治理能力建设摆到更加突出的位置，继续深化各领域各方面体制机制改革，推动各方面制度更加成熟、更加定型，推进国家治理体系和治理能力现代化。对于前海这一改革开放的前沿来说，打造"治理高地"发挥示范效应，不仅是用好改革、开放、创新这"新三大法宝"的基础，也是前海以自身发展服务中国式现代化这一大局的根本遵循。

 ## 第四节　前海推动改革、开放、创新的方向

一　进一步释放前海扩区的"潜能"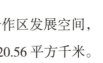

《前海方案》明确提出，进一步扩展前海合作区发展空间，前海的总面积由原来的 14.92 平方千米扩展至 120.56 平方千米。扩区后的前海，迎来了"五区"叠加的政策利好，具备了空港枢纽、海港枢纽、会展商务、现代服务等国际湾区核心发展要素，拥有了更广阔的发展空间与探索空间，作为国家重大战略平台的重要性更加突出，充分彰显粤港澳大湾区和深圳先行示范区核心引擎先发优势。

国家给予了前海前所未有的发展空间和广阔舞台，前海承载的功能更加多元，改革创新的使命也更加艰巨。前海接下来要按照"增量空间要有增量改革"思路，统筹推进"物理扩区"和"政策扩区"，在更大空间全面优化深港澳合作布局、全面创新深港澳合作模式、全面提升深港澳合作能级，充分释放"扩区"的强大规模效应与乘数效应，成为高水平改革开放的样板

间、高质量发展的发动机、高效能治理的新典范。

依托香港、服务内地是中央对前海的战略定位，在用好"扩区"的优势、扎实做好服务香港发展这一问题上，前海大有可为。近年来，香港"孤岛化"的风险呈持续上升态势。2020年以来，美西方国家在对香港进行遏制和围堵的同时在香港问题上对中国发动了一场持久的认知战——将《香港国安法》塑造为破坏香港自由秩序的根源。在此背景下，一些西方资本出现了撤出香港的迹象。2024年3月，香港立法会全票通过《中华人民共和国香港特别行政区维护国家安全条例》（即"23条立法"）后，美西方国家不仅渲染和泛化国家安全风险，还试图给香港贴上"内地化"的标签。香港经济被西方"孤岛化"的风险需要我们高度的重视。如果香港不再是受到西方关注的东西方交汇点，那么其战略意义就会大幅下降，甚至最终消失。香港的另一重要价值在其规则的可复制性与可推广性。香港最宝贵的财富就是高度国际化的、被国际社会广泛接受的规则标准。除了近年来在政治上出现了一些问题以外，包括自由贸易港、世界金融中心、国际法律服务、知识产权保护、消费者权益保护、医疗、教育等领域在内的大部分香港规则依然有效，并且都是有借鉴价值的。我们需要以更大的魄力推动内地与香港的深度融合，利用香港高度国际化的规则构建区域乃至全国统一大市场。前海则是实现这一战略目标的关键。

党的二十大提出制度型开放的目标，前海在未来的发展中可以将对接香港的规则作为重点，打造"香港+"，把香港在制度规则方面的"软实力"和内地在产业链、供应链等方面的"硬实力"有机结合起来，即让香港的规则体系在粤港澳大湾区的制度型开放中发挥引领作用，将内地占优势的互联网、人工智能、新能源制造业推向世界，从根本上避免改革碎片化的问题，实现粤港澳大湾区与香港的全面对接和深度融合，推动两地的高质量发展。

二 打造全面深化改革创新试验平台

改革是"新三大法宝"之首，也是前海未来发展的"关键词"。新时代改革更多面对的是深层次体制机制问题，对改革顶层设计的要求更高，对改革的系统性、整体性、协同性要求更强。尤其应当在全面深化改革进程中注重系统集成问题，避免改革的"碎片化"和改革政策的简单重复叠加。正如习近平总书记所指出的，改革开放"必须坚持正确的方法论，在不断实践探索中推进"；"系统观念是具有基础性的思想和工作方法"，要"坚持'摸着石头过河'和顶层设计相结合，坚持问题导向和目标导向相结合，坚持试点先行和全面推进相结合，坚持改革决策和立法决策相结合，注重改革的系统性、整体性、协同性，统筹各领域改革进展，形成整体效应"。因此，前海应当在落实全面深化改革、打造深化改革创新实验平台方面作出新的更大贡献。

前海作为国家级现代服务业改革与发展的试验区和先行地，应当在产业布局方面着力打造全球领先的现代服务业体系。

这既是前海改革带动粤港澳大湾区实现高质量发展的关键，也是中国整体上实现产业升级和转型的实践突破。具体来看，一是建立健全联通港澳、接轨国际的现代服务业发展体制机制，并在此基础上建立完善现代服务业标准体系，让中国的服务业标准走出国门，服务共建"一带一路"国家进而走向世界。二是联动建设国际贸易组合港，实施陆海空多式联运、枢纽联动，充分发挥前海"五区"叠加的政策优势，在中国—东盟共同市场建设中发挥更加核心的作用。三是培育以服务实体经济为导向的金融业态，鼓励金融创新，完善金融监管，为消费、投资、贸易、科技创新等提供全方位、多层次的金融服务，以金融科技、监管科技等新金融业态引领现代服务业的快速发展。四是加快绿色、智慧供应链发展，推动供应链跨界融合创新，建立与国际接轨的供应链标准。高水平的供应链管理是打造高端制造业聚集区的先决条件，也是制造业服务业蓬勃发展的基石，前海应当在这方面继续加快体制机制创新，打造世界级供应链平台。五是推动现代服务业与先进制造业融合发展，促进"互联网+"、人工智能等服务业新技术、新业态、新模式加快发展。

加快科技发展体制机制改革创新。一是大力发展粤港澳合作的新型研发机构，创新科技合作管理体制，促进港澳和内地创新链对接联通，聚焦人工智能、健康医疗、金融科技、智慧城市、物联网、能源新材料等港澳优势领域，提高科技成果转化效率，提升技术标准的制定和推广能力。二是建设高端创新人才基地，联动周边区域科技基础设施，完善国际人才服务、创新基金、孵化器、加速器等全链条配套支持措施，积极引进创投机构、科技基金、研发机构。联合港澳探索有利于推进新技术、新产业发展的法律规则和国际经贸规则创新，逐步打造审慎包容的监管环境，促进依法规范发展，健全数字规则，提升监管能力，反对垄断和不正当竞争行为。三是集聚国际海洋创新机构，大力发展海洋科技，加快建设现代海洋服务业集聚区，打造以海洋高端智能设备、海洋工程装备、海洋电子信息（大数据）、海洋新能源、海洋生态环保等为主的海洋科技创新高地。四是构建知识产权创造、保护和运用生态系统，推动知识产权维权援助、金融服务、海外风险防控等体制机制创新，建设国家版权创新发展基地。

打造国际一流营商环境。纵观世界经济发展大势，经济全球化进程进入 2.0 阶段，超级全球化时代已经结束。对于外向型经济体而言，只有通过高水平制度型开放，塑造市场化、法治化和国际化的营商环境，才能够在日益激烈的全球竞争中成为生产要素的集中地。在前海下一阶段的改革发展大局中，营商环境的塑造可谓重中之重。

第一，要用好深圳经济特区立法权。研究制定前海合作区投资者保护条例，进一步健全外资和民营企业权益保护机制。2023 年以来，国际上又出现了唱衰中国经济的声音，我们需要如何回应这种负面的声音至关重要。只有进一步加大制度型开放，给予民营企业和外资企业更大的信心，才能够在真正意义上为中国经济的发展注入新的活力和动力，避免出现通货紧缩和经济下行的"死循环"。当然，为了做到这一点，建立健全竞争政策实施机制非常关键，应当探索设立议事协调机构性质的公平竞争委员会，确保各种所有制类型的企业在公平的环境下开展市场竞争。

第二，要加强信用体系建设。现代商业和金融活动的本质是信用经济，一个缺乏信用文化、信用意识以及信用规则的经济体，是很难发展和孕育出发达的现代金融体系的。应当依法合规探索减少互联网融合类产品及服务市场准入限制，创建信用经济试验区，推进政府、市场、社会协同的诚信建设，在市场监管、税收监管、贸易监管、投融资体制、绿色发展等领域，推进以信用体系为基础的市场化改革创新。

第三，推进与港澳跨境政务服务便利化，研究加强在交通、通信、信息、支付等领域与港澳标准和规则衔接，为在内地创业发展的企业降低两地交流融合的成本，为港澳青年在前海合作区学习、工作、居留、生活、创业、就业等提供便利，如支持港澳和国际高水平医院在前海合作区设立机构，提供医疗服务等。

创新合作区治理模式。法定机构治理是"前海模式"的突出亮点，是以法定机构承载部分政府区域治理职能的体制机制创新，是前海开展制度创新的标志性举措，应当继续予以探索和完善。具体来看，一是优化法定机构法人治理结构、职能设置和管理模式。积极稳妥制定相关制度规范，研究在前海合作区工作、居留的港澳和外籍人士参与前海区域治理途径，探索允许符合条件的港澳和外籍人士担任前海合作区内法定机构职务的途径。推进行业协会自律自治，搭建粤港澳职业共同体交流发展平台。二是开展政务服务流程再造，用好新兴的数字技术，推进服务的数字化、规范化、移动化、智能化。与此同时，深化"放管服"改革，探索符合条件的市场主体承接公共管理和服务职能，健全公共服务供给机制。三是统筹发展与安全，提升应对突发公共卫生事件能力，完善公共卫生等应急物资储备体系，提升应对重大风险能力。推动企业履行社会责任，适应数字经济发展，在网络平台、共享经济等领域探索政府和企业协同治理模式。

三　强化高水平对外开放门户枢纽建设

深化与港澳服务贸易自由化。在打造现代服务业体系，促进深圳与香港和澳门的融合发展方面，应当坚持在不危害国家安全、风险可控的前提下，提高前海合作区对港澳服务领域的开放程度。一是支持前海合作区在服务业职业资格、服务标准、认证认可、检验检测、行业管理等领域，深化与港澳规则对接，促进三地之间的贸易往来。二是加强教育和培训合作，在前海合作区引进港澳及国际知名大学开展高水平合作办学，加速粤港澳大湾区的教育资源融合，建设港澳青年教育培训基地。三是在审慎监管和完善风险防控前提下，支持前海打造面向海外市场的文化产品开发、创作、发行和集散基地，讲好"前海故事""深圳故事",在文化领域探索形式多样的国际化方式。

扩大金融业对外开放。前海是国家金融业对外开放试验示范窗口和跨境人民币业务创新的试验区,《前海方案》明确提出,国家扩大金融业对外开放的政策措施将在前海合作区落地实施,尤其是在与香港金融市场互联互通、人民币跨境使用、外汇管理便利化等领域先行先试。因此,前海应当探索如何安全高效地加快金融业对外开放。具体来看,一是开展本外币合一银行账户试点,为市场主体提供优质、安全、高效的银行账户服务。支持符合条件的金融机构开展跨境证券投资等业务。二是深化粤港澳绿色金融合作,探索建立统一的绿色金融标准,为内地企业利用港澳市场进行绿色项目融资提供服务。三是探索跨境贸易金融和国际支付清算新机制。支持前海推进监管科技研究和应用,探索开展相关试点项目。四是支持香港交易所前海联合交易中心依法合规开展大宗商品现货交易。依托技术监测、预警、处置等手段,提升前海合作区内金融风险防范化解能力。

提升法律事务对外开放水平。在法律事务领域加大对外开放力度,打造国际一流的法制区是塑造国际化营商环境的重要组成部分。一是在前海合作区内建设国际法律服务中心和国际商事争议解决中心,探索不同法系、跨境法律规则衔接,探索完善前海合作区内适用香港法律和选用香港作仲裁地解决民商事案件的机制。二是探索建立前海合作区与港澳区际民商事司法协助和交流新机制,深化前海合作区内地与港澳律师事务所合伙联营机制改革，支持鼓励外国和港澳律师事务所在前海合作区设立代表机构。三是前海法院探索扩大涉外商事案件受案范围，为香港法律专家在前海法院出庭提供法律查明协助，保护进行跨境商业投资的企业与个人的合法权益。四是建设诉讼、调解、仲裁既相互独立又衔接配合的国际区际商事争议争端解决平台。允许境外知名仲裁等争议解决机构经广东省政府司法行政部门登记并报国务院司法行政部门备案，在前海合作区设立业务机构，就涉外商事、海事、投资等领域发生的民商事争议开展仲裁业务。探索在前海合作区开展国际投资仲裁和调解，逐步成为重要国际商事争议解决中心。

后 记

2020 年，在我的提议和推动下，前海国际事务研究院成立。这是一家"立足中国、放眼世界"的研究机构，旨在为中国的政策研究做一些贡献。我们的目标是成为像美国的兰德公司那样具有全球影响力的智库。众所周知，中国的发展进入了近百年来未曾有过的新阶段，中国在实现现代化的进程中面临着新的机遇和挑战。面对这些新情况、新问题，中国前所未有地需要加强政策研究。从某种意义上说，一流的智库孕育一流的思想，一流的思想成就一流的国家。好的政策研究需要包含几个要素：一是脚踏实地，对政策服务的对象有准确的理解和深刻的洞察；二是放眼世界，即在开放环境下关注政策的相互影响，尤其是国别经验的借鉴至关重要；三是学科交叉，这是政策研究与学术研究一个显著的不同，好的政策一定是多学科知识交汇融合的结果；四是人才队伍，只有汇聚了一流的人才，给他们碰撞思想、展示才华的舞台，才能够产生一流的思想与政策。

秉持着这样的理念，我带领年轻的前海国际事务研究院，开启了一段深化中国政策研究的旅程。将研究院选址在前海，我也经过了一番考量。前海作为"特区中的特区"，是从事政策研究的"天然良港"。前海位于粤港澳大湾区的腹地，毗邻香港，是中国改革开放的窗口和制度创新的策源地。在这里从事政策研究，不仅能够获得最新的资讯、倾听来自一线的声音，还能够近距离观察政策带来的变化。对于智库研究来说，这些都是极为重要的。当然，作为一家立足前海的智库，研究院的发展得到了前海方面的大力协助。前海管理局不仅给予了我们发展所需要的物质支持，还为我们的研究工作提供了宝贵的智力支持。

案例分析是政策研究一个很好的抓手，即从微观视角体察中国改革之变，这就是古人所说的见微知著、一叶知秋。2022年年底，我提议对前海的改革发展历程进行全方位的梳理，尤其是提炼和总结前海制度创新的经验。在中国式现代化的背景下，这是一项意义重大的政策研究，也是我们前海国际事务研究院践行政策研究理念、服务地方发展和国家战略的一次实践。我们的定位是从第三方的视角近距离观察前海的改革，记录前海的变化，总结前海的经验，从理论上夯实中国式现代化的微观基础，从政策上丰富高质量发展的实践经验。经过一年多的调研与写作，这本专著得以面世。

我们要感谢前海管理局对这项研究的全力支持。前海管理局的日常工作繁重而紧迫，但从管理局的主要领导到各处室的负责同志，都对本书的写作给予了极为重要的帮助。相关处室不仅为我们提供了大量翔实、丰富的研究资料，使本项目得以顺利开展，还协助我们走访了金融机构和企业，帮助我们全面了解前海的金融、贸易、投资、人才等领域的情况。为了获得关于前海改革历程的一手资料，我们走访了参与前海改革的老同志和在改革一线奋斗的骨干力量，这些鲜活的访谈丰富了本书写作的资料。我们还委派研究人员常驻管理局，体验管理局作为一家法定机构的日常运作。这些感性认识与理性思考相结合，为项目组的创作提供了灵感和启发。可以说，没有前海管理局的鼎力相助，我们对"前海模式"的研究就无法落地生根。当然，必须要指出的是，我作为这项研究的发起人和协调人，对本书中可能存在的纰漏与不足负全部责任。

做好政策研究工作，需要一个有志于此、业务专精的团队，本书的研究团队就是这样一支队伍。我的合作者王达教授，一直致力于世界经济的理论与政策研究，曾在中国人民银行金融研究所、德国基尔世界经济研究所以及美国约翰斯·霍普金斯大学高级国际研究院从事研究工作，在国别经济研究领域著述颇丰，具备扎实的理论功底、丰富的政策研究经验以及开阔的国际视野。他在前海国际事务研究院担任客座教授期间，带领他的研究团队与前海国际事务研究院的研究人员密切配合，共同完成了这项对"前海模式"的研究工作。

吉林大学博士研究生吴子昂、刘辉，硕士研究生梁咏琪、闫程文、李嘉璇、白书嘉、刘芳鸣、杨文怡、韩盈盈参与了第二章和第三章的资料收集与初稿撰写工作；前海国际事务研究院的向勋宇博士参与了第二章第三节的写作，袁冉东博士撰写了第四章第二节。深圳市委宣传部和深圳市社科院关于世界湾区发展指数的研究，为本书第四章第三节的写作提供了极为丰富、翔实的素材，在此表示诚挚的感谢！中国社会科学出版社高度重视本书的出版发行工作，使得本书付梓的进度大大加快，其编校团队出色的编辑工作和专业的修改建议也为本书增色不少。

本书完稿之际，正值中国共产党第二十届中央委员会第三次全体会议胜利召开。此次会议对全面深化改革进行了总体部署，我们在系统学习会议精神的同时，也将前海的改革与全会的决议"对标""对表"，旨在获取新的思想和指引。我们会继续深化对"前海模式"的观察和研究，欢迎大家关注、指正。展望未来，前海国际事务研究院将秉持"研究世界、探索前路、体认天理、经世治平"的理念，致力于打造一个立足深圳、放眼全球的具有国际影响力的学术思想重镇与政策研究型智库，为区域及国家发展提供及时的、富有远见的政策分析，培养具有国际视野的优秀人才，成为具有国际影响力的学术交流平台。期待有志于从事政策研究的同仁和我们一起为中国的政策研究贡献力量。

郑永年

2024 年 8 月 30 日于深圳前海